P9-AOT-116

Fiona Wilcock

Comida sana para el embarazo

Recetas, menús y consejos nutricionales para el embarazo y el posparto

Grijalbo

A Andrew, Lidia y Joseph

Título original: *The complete pregnancy cookbook*

Esta primera edición revisada y actualizada ha sido publicada
en primavera de 2008 por Carroll & Brown Publishers

© 2002, 2008, Fiona Wilcock, por el texto
© 2002, 2008, Carroll & Brown Publishers Limited,
por las ilustraciones y la recopilación
© 2008, Random House Mondadori, S. A., por la presente edición.
Travessera de Gràcia, 47-49. 08021 Barcelona
© 2008, Lola Navío Martínez, por la traducción

Quedan prohibidos, dentro de los límites establecidos en la ley y bajo los
apercibimientos legalmente previstos, la reproducción total o parcial de esta obra
por cualquier medio o procedimiento, ya sea electrónico o mecánico,
el tratamiento informático, el alquiler o cualquier otra forma de cesión de
la obra sin la autorización previa y por escrito de los titulares del *copyright*.

La información que aparece en este libro refleja, hasta donde la autora sabe,
el pensamiento científico actual sobre nutrición durante el embarazo en mujeres
sanas; y no pretende, en absoluto, ser un sustituto de los consejos y de los
cuidados médicos. Ni la autora ni la editorial se hacen responsables de ninguna
pérdida o daño, supuestamente, surgidos de algún dato o sugerencia
que aparezca en este libro.

Fotocomposición: Lozano Faisano, S. L.

ISBN: 978-84-253-4194-6

Depósito legal: B.8.074 – 2008

Impreso en Graficas 94, S.L, Sant Quirze del Vallès (Barcelona)

GR 41946

sumario

Introducción   04

Cómo usar este libro   05

lo básico   06

Comer bien durante el embarazo   07
Las vitaminas y los minerales principales   13
Un aumento de peso saludable   17
Opciones alimenticias sanas   20
Centrémonos en los alimentos   25
Problemas alimenticios y soluciones   29
La embarazada vegetariana   32
La jornada laboral   34
Comer fuera de casa   36

menús y recetas

De 0 a 8 semanas   40
De 9 a 12 semanas   42
De 13 a 16 semanas   44
De 17 a 20 semanas   46
De 21 a 24 semanas   48
De 25 a 28 semanas   50
De 29 a 32 semanas   52
De 33 a 36 semanas   54
De 37 a 40 semanas   56
A partir de las 40 semanas   58

Platos ligeros   60
Cremas   61
Patés y salsas   65
Pizzas y masas   67
Pastas y cereales   71
Frutas energéticas   79

Platos principales   83
Vegetarianos   84
Pescados   91
Aves y carnes   97
Ensaladas y verduras   107
Ensaladas frías   108
Verduras calientes   113

Extras   115
Postres   116
Pasteles y repostería   123

Índice   127

Introducción

El embarazo suele ser un período muy emocionante en la vida de una persona, puesto que un ser toma forma y crece en tu interior. Sin embargo, también suele ser un período de enormes trastornos emocionales porque te preparas para el futuro; por tanto, unas veces te sentirás inquieta y preocupada, y otras eufórica. Puede ser también un período de reflexión, cuando recuerdas los mejores momentos y esperas con ilusión tu nueva vida con un hijo.

Durante el embarazo quizá estés muy cansada o sufras molestias que nunca habías padecido; o por el contrario, te sientas más encantadora y más sexi que nunca: este conjunto de experiencias físicas y emocionales está relacionado con la dieta. Los nutrientes que ingieres durante este período proporcionan al bebé los componentes esenciales para su desarrollo, y una dieta adecuada es la mayor aportación que puedes proporcionar a la salud de tu hijo. Comer bien es un factor importante para sentirse bien, desde que decides tener un bebé hasta que este nace y deseas recuperar la figura. La alimentación es la fuente de energía que necesitas para tu actividad diaria, e incluso puede ser una fuente de placer, tanto si se trata de una comida ocasional como de un delicioso ágape con la familia y los amigos.

Las recetas que aparecen en este libro se han escrito pensando en todo ello, así que espero que disfrutes con estos platos durante esta etapa o en un futuro.

Cómo usar este libro

Comida sana para el embarazo se ha escrito para proporcionar ideas culinarias, recetas e información sobre la dieta, para mejorar la nutrición y el disfrute alimentario durante el embarazo.

En el apartado de LO BÁSICO se explica todo lo que necesitas saber sobre qué comer (y qué no comer). También encontrarás información sobre seguridad e higiene alimentaria, cuántos kilos ganar en el embarazo y cómo alimentarte bien en el trabajo, fuera de casa o si estás de vacaciones.

En el apartado de MENÚS figura una guía mensual que empieza con alimentos pregestacionales y acaba con comidas ligeras para las semanas posteriores al parto, y explica en qué nutrientes hacer hincapié cada mes y cómo sobrellevar los posibles problemas del embarazo. Las sugerencias alimenticias que aparezcan en cursiva son las recetas que puedes encontrar en el libro. Recuerda, sin embargo, que estos menús y consejos solo son una guía; el embarazo de cada mujer es diferente y el apetito puede variar, de modo que has de adaptarlo a tu estilo de vida y a tus necesidades energéticas.

El apartado de RECETAS contiene aproximadamente cien recetas diseñadas para mejorar tu nutrición y para adaptarse a tu estado de salud. Muchas de ellas pueden congelarse y son ideales para toda la familia. Asimismo, hay ideas para realizar suculentas variaciones, así que experimenta y disfruta.

lo básico

Una dieta equilibrada y apetitosa te ayudará a alimentar a tu bebé y te brindará la oportunidad de tener un embarazo saludable y feliz. Disfrutar de la comida es de vital importancia; por tanto, continúa leyendo y obtendrás lo esencial de una dieta sana, y hojea las recetas para saber cuáles te apetece probar.

Comer bien durante el embarazo

Una dieta sana te favorecerá durante y después del embarazo. Si comes bien, te resultará mucho más fácil hacer frente a los cambios físicos y emocionales del embarazo, y controlar las demandas de lactancia materna y las primeras semanas de maternidad.

Por supuesto, tu bebé también se beneficiará de esta dieta, ya que le estarás ofreciendo la mejor base para su crecimiento. La nutrición en el embarazo y en los primeros años de vida afecta a la salud y al desarrollo del niño, por ello es tan importante la dieta durante este período. Un bebé que no reciba una nutrición adecuada mientras se encuentra en el útero, y una vez fuera de este, está más predispuesto a padecer, más adelante, problemas cardíacos o diabetes. A este efecto se lo llama «programa metabólico», y, en la actualidad, muchas investigaciones se centran en descubrir cómo la dieta durante el embarazo y la nutrición en edad temprana puede influir en la salud a largo plazo.

Lo que tú comes también lo come tu hijo
A las dos semanas de la concepción, la placenta empieza a desarrollarse. Este tejido, implantado en la parte interior del útero, está unido al bebé por el cordón umbilical y regula el flujo de nutrientes, asegurándole todos los componentes esenciales que necesita para crecer y desarrollarse. Aparte de la regulación que realiza la placenta, en este período el organismo absorbe con mayor eficacia los diversos nutrientes (como el hierro), y hace todo lo posible para que las necesidades del bebé estén cubiertas, si es preciso a costa de los nutrientes que tú tienes almacenados.

Dieta básica durante el embarazo
Las pautas generales a seguir en una buena dieta siempre son las mismas. Si te has alimentado bien antes de quedarte embarazada, tienes más probabilidades de que tu organismo tenga reservas de los nutrientes más importantes, para que tu bebé los utilice durante este período.

Una dieta equilibrada contiene una variedad de alimentos en la proporción que aparece en la gráfica circular. Hay cuatro grupos principales: pan, arroz, patatas, pasta y otros alimentos con alto contenido en almidón; frutas y verduras; carne, pescado, huevos, legumbres y proteínas no lácteas; leche y productos lácteos. En el quinto grupo, que no es imprescindible pero aporta variedad a la dieta, se encuentran los alimentos y las bebidas con alto valor calórico y/o azúcar.

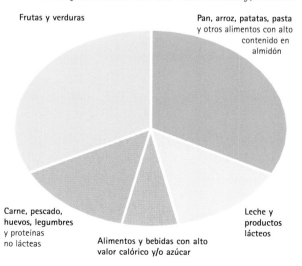

Frutas y verduras

Pan, arroz, patatas, pasta y otros alimentos con alto contenido en almidón

Carne, pescado, huevos, legumbres y proteínas no lácteas

Alimentos y bebidas con alto valor calórico y/o azúcar

Leche y productos lácteos

Los cinco grupos de alimentos.
Es importante que tanto tú como tu bebé ingiráis la cantidad adecuada de los alimentos de cada grupo.

pan, arroz, patatas, pasta y otros alimentos con alto contenido en almidón

frutas y verduras

Pan, arroz, patatas, pasta y otros alimentos con alto contenido en almidón

Estos alimentos ricos en hidratos de carbono proporcionan energía y vitaminas del grupo B. Es recomendable que una tercera parte de la dieta esté formada por estos alimentos, es decir, debes ingerir una porción en cada comida. Si decides comer estos alimentos integrales, te aportarán más fibra, que es muy importante para evitar el estreñimiento. Además, algunos alimentos con almidón como el pan y los cereales pueden enriquecerse con hierro, ácido fólico y otras vitaminas y minerales; por tanto, son una buena opción para quien desea comer bien. Muchos almidones tienen un índice glucémico (IG) bajo o medio, y pueden ayudar a mantener los niveles de azúcar en la sangre.

Frutas y verduras

Otra tercera parte de la dieta debe estar formada por frutas y verduras (excepto la patata). Estos alimentos contienen una amplia variedad de vitaminas y de minerales que son necesarios para un embarazo saludable, así como muchos fitoquímicos esenciales (compuestos biológicamente activos que se encuentran en las plantas, véase p. 25). Aunque no estés embarazada, intenta comer cinco porciones todos los días.

Las frutas y las verduras son la fuente principal de vitamina C, y, como tenemos pocas reservas y las necesidades aumentan durante este período, es muy importante ingerirlas en comidas y refrigerios. Estos alimentos también contienen ácido fólico, que es imprescindible en la primera etapa del embarazo, así como azúcares y almidones que proporcionan energía de combustión lenta. La mayoría de las frutas y de las verduras tienen un IG bajo o medio. Otros de los esenciales que contienen son la fibra y una amplia variedad de vitaminas y minerales.

Sin embargo, en ocasiones, los minerales que se encuentran en las frutas y en las verduras están unidos a otros complejos, de modo que se han de ingerir con otros alimentos para que estén más disponibles. Por ejemplo, la vitamina C facilita que el organismo absorba el hierro de los alimentos; o sea, que si desayunas un zumo y cereales o un bocadillo con ensalada, se absorberá más hierro. Lo conveniente es comer frutas y verduras variadas porque cada una contiene distintas vitaminas, minerales y fitoquímicos.

Para mantener las vitaminas y que su cantidad no decrezca, debes cuidar el almacenamiento, el manejo y la elaboración de estos alimentos. Asimismo, ten presente que, para no perder vitamina C, debes cortar los alimentos en trozos grandes y en el momento de preparar la comida, así como cocerlos al vapor con poca agua o cocinarlos en el microondas en lugar de hervirlos. Para más información véanse pp. 25-26.

Leche y derivados lácteos

La leche, el yogur y el queso se consideran alimentos lácteos y proporcionan grandes cantidades de proteína, grasa, en particular grasa saturada, y calcio. El calcio es imprescindible para el desarrollo óseo y dental del bebé, de modo que si no te gustan estos alimentos, has de obtenerlo de otras fuentes. La leche y los yogures de soja son una alternativa, así como el pescado de lata, como las sardinas y los boquerones, si se come con espinas tiene mucho calcio. Véase información sobre el pescado durante el embarazo en p. 20.

El calcio necesita de la vitamina D para absorberse adecuadamente; por tanto, no olvides tomar un suplemento de 10 microgramos de vitamina D, ya que se encuentra en pocos alimentos. Asimismo, es mejor que ingieras leche y quesos con poca grasa porque tienen menos calorías y menos grasas saturadas, y la misma cantidad de calcio. Por otra parte, durante el embarazo hay quesos que no se pueden ingerir; consulta la p. 20.

Carne, pescado, huevos, legumbres y proteínas no lácteas

Las proteínas son necesarias porque forman parte de la

leche y productos lácteos

carne, pescado, huevos, legumbres
y proteínas no lácteas

alimentos y bebidas con alto
valor calórico y/o azúcar

Cinco al día

No es tan difícil comer cinco al día. A continuación, tienes un ejemplo.

	Día 1	Día 2
Desayuno	Vaso de zumo de naranja sin azúcar	Cereales con trocitos de albaricoque
Media mañana	Refrigerio de fruta deshidratada	Un plátano
Comida	Bocadillo y cinco tomates cherry	Sopa de verduras de zanahoria con cilantro
Cena	Brécol al vapor como guarnición	Ensalada de berro y naranja como guarnición
Antes de ir a la cama	Trozos de zanahoria con salsa	Un puñado de uvas

Si deseas obtener más información sobre cinco al día, puedes consultar la siguiente página electrónica:
www.5aldia.com

estructura orgánica del bebé. La mayoría de las dietas contienen más que suficientes proteínas para satisfacer las necesidades del organismo durante tu embarazo.

Las principales fuentes de proteínas son la carne magra, las aves, el pescado y los huevos; y para quienes no consuman carne, los frutos secos, las legumbres (guisantes, alubias y lentejas) y los alimentos vegetarianos (tofu, micoproteína, *quorn*, etc.). A pesar de que los alimentos lácteos contienen proteínas, no están dentro de este grupo.

Estos alimentos también son ricos en otras vitaminas y minerales. La carne magra y las aves proporcionan hierro, cinc, magnesio y vitaminas del grupo B. El pescado es una fuente extraordinaria de yodo, y el pescado azul (arenque, caballa y salmón) proporciona ácidos grasos omega 3 esenciales para el desarrollo de la vista y del cerebro del niño. Comer sardinas y boquerones de lata con espinas proporcionan una fuente extraordinaria de vitamina D, calcio y hierro. Véanse pp. 20-21 para saber qué tipo y qué cantidad de pescado se han de ingerir.

No hay que olvidar los huevos, pues son una fuente rápida y económica de proteínas, hierro y vitamina B_{12}; pero hay que asegurarse de que estén bien cocinados.

Las lentejas, los garbanzos, las alubias, las semillas y los frutos secos contienen proteínas y minerales como el cinc, el calcio, el magnesio y el hierro. Las vegetarianas estrictas necesitan comer una serie de alimentos vegetales para asegurarse la variedad adecuada de aminoácidos. La soja puede ingerirse durante el embarazo, porque es más nutritiva que otras legumbres debido a los aminoácidos que contiene.

Alimentos y bebidas con alto valor calórico y/o azúcar
Los extras en la dieta han de ser simplemente eso, extras, porque suelen contener grasas y azúcares, y pocas vitaminas y minerales. Así que no debes sentirte tentada por los pasteles, las galletas, las patatas fritas, los helados, los refrescos, el chocolate y otros dulces, y en su lugar has de ingerir alimentos y bebidas más nutritivos.

Grasas
Las grasas proporcionan energía, contienen varias vitaminas (A, D, E y K) y favorecen el buen

comer bien durante el embarazo

Índice glucémico (IG)

El índice glucémico de un alimento indica cómo afecta el alimento que ingieres a los niveles de glucosa en la sangre. Es preferible que los hidratos de carbono se absorban lentamente, de modo que te sientas saciada durante más tiempo y no se produzca un aumento seguido de una bajada de glucosa en la sangre. Los alimentos que tienen un índice bajo de IG son aquellos cuyos hidratos de carbono se absorben lentamente, mientras que los que tienen un índice alto de IG se absorben rápido.

Son muchos los factores que afectan al índice glucémico, entre otros la combinación de diferentes alimentos, la acidez y el contenido de proteínas. La siguiente tabla muestra una guía de índices glucémicos de los principales alimentos con almidón.

Alimentos	Índice glucémico
Patata asada con o sin piel	Alto
Copos de salvado	Medio
Cuscús	Medio
Pan integral con semillas	Medio
Arroz de grano largo (incluido basmati)	Bajo
Puré de patatas	Alto
Patatas nuevas	Medio
Fideos de arroz	Bajo/medio
Pasta	Bajo
Pan de pita blanco o integral	Medio
Arroz glutinoso o risotto	Alto
Tortillas de trigo	Bajo
Muesli sin azúcar	Bajo/medio
Pan blanco	Alto
Pan integral	Alto
Boniato	Bajo

El índice glucémico solo se puede medir en aquellos alimentos que contienen hidratos de carbono, es decir, en los que tienen almidón y azúcares; por tanto, no se mide en huevos, carne, queso y pescado porque prácticamente no tienen hidratos de carbono.

Hidrátate *El agua transporta al bebé nutrientes en la sangre, ayuda a prevenir el estreñimiento, limpia por dentro, reduce el riesgo de infección de vejiga y de riñón, y previene la deshidratación.*

Varía tu dieta *Ingiere una dieta lo más variada posible para aseguraros a ti y al bebé una buena diversidad de nutrientes.*

funcionamiento de tu sistema nervioso. Para tener una buena salud, aun sin estar embarazada, se recomienda que el número de calorías que obtengas de las grasas se limite a una tercera parte o menos de las calorías (energía) ingeridas. Como las grasas son, en realidad, una fuente de energía concentrada, es muy fácil consumir más de las necesarias.

◆ Como componente común de la mayoría de las grasas encontramos unas sustancias llamadas «ácidos grasos» que se clasifican en: poliinsaturados y monoinsaturadados, que son beneficiosos para la salud, y saturados y trans, que lo son menos.

◆ El aceite de oliva y de girasol son principalmente ácidos grasos monoinsaturados, y son los que se utilizan en las recetas de este libro.

◆ Los ácidos grasos saturados se encuentran básicamente en la grasa de los animales, como puede ser la grasa visible de la carne, la mantequilla, la crema y la

Fuentes importantes de calcio		
Alimentos	Mg de calcio por porción	Ración media
Tofu al vapor	765	150 g
Sardinas en lata con espinas	430	una sardina
Queso cheddar semigraso	336	40 g
Queso cheddar	295	40 g
Leche semidescremada	240	200 ml
Yogur de frutas descremado	225	150 g unidad
Bebida de soja con calcio	190	200 ml
Queso cottage	101	2 cucharadas 80 g
Queso fresco - fruta	51	60 g tarro
Brécol cocinado	32	2 cucharadas 80 g
Garbanzos	30	2 cucharadas 70

manteca, o en los productos que se obtienen de ellos. Su ingesta debería limitarse.

◆ Los ácidos grasos trans son principalmente grasas y aceites vegetales hidrogenados, y se usan para proporcionar textura y prolongar la duración de productos como las galletas, el pan, los pasteles, la bollería, las empanadas y otros platos preparados. Su consumo debe evitarse o limitarse en la dieta.

◆ Los ácidos grasos poliinsaturados se dividen en dos grupos: los omega 6, que se encuentran en aceites vegetales, como el girasol, el sésamo y el maíz; y los omega 3, que se encuentran en el aceite de semilla de lino y en las grasas del pescado.

Azúcares

Son muchos los alimentos que contienen azúcar, desde los naturales como las frutas, verduras o leche, hasta los que se añaden a los alimentos. Todos los pasteles, refrescos, galletas, postres, bollería, mermeladas y productos similares llevan azúcares que proporcionan energía, pero aportan pocos minerales y vitaminas. Para conseguir una dieta sana, es muy importante limitar la ingesta de alimentos ricos en azúcares. Si te apetece algo dulce, come una pieza de fruta, que además te aportará fibra, vitaminas y minerales.

Sal

El organismo necesita poca cantidad de sal (cloruro sódico) y en el embarazo no es necesario incrementar la ingesta.

Se suele recomendar que los adultos ingieran un máximo de seis gramos de sal diarios, y en cambio, no se hace ninguna indicación a las embarazadas. Sin embargo, una dieta rica en sal puede aumentar la presión arterial, que está asociada a la preeclampsia; aunque una dieta pobre en sal no indica que se evite esta complicación, puesto que intervienen otros factores. El mejor consejo es limitar el consumo de alimentos salados y procesados, y evitar añadir sal a las comidas.

Los alimentos bajos en sal contienen menos de 0,3 g de sal por cada 100 g de alimento, mientras que los altos contienen más de 1,5 g por cada 100 g. Si hablásemos de sodio, para conseguir la cantidad equivalente, la cifra se tendría que multiplicar por 2,5.

Líquidos

Aunque el agua no es un nutriente, es un componente esencial para la dieta, porque es necesaria en muchos procesos biológicos. La sangre adicional que produces en el embarazo precisa de un fluido adecuado de la dieta, así como el bebé, que depende de los nutrientes que transporta la sangre.

Beber suficiente líquido durante el embarazo previene el estreñimiento; es decir, es conveniente beber dos litros diarios, equivalentes a seis o siete vasos. Bebe preferentemente agua, pero toma también leche descremada, zumos de frutas o verduras, e infusiones.

Ten cuidado con el agua mineral embotellada: alguna

comer bien durante el embarazo

Omega 3

Las grasas omega 3 pertenecen al grupo de los ácidos grasos poliinsaturados, que se encuentran en el pescado azul en forma de EPA (ácido eicosapentaenoico) y DHA (ácido docosahexaenoico), y en algunos frutos secos y aceites en forma de ALA (ácido alfalinoleico).

El EPA y el DHA son más beneficiosos para la salud, ya que son más eficaces que el ALA. El organismo puede convertir una pequeña cantidad de algunos ALA en DHA y EPA, y aunque durante el embarazo el cuerpo es más eficaz ante esta transformación, es importante comer pescado azul para ingerir DHA Y EPA.

En el organismo encontramos las grasas omega 3 en las células nerviosas y en las membranas celulares. El omega 3 que hay en el pescado (EPA y DHA) es esencial en los últimos meses del embarazo, para el desarrollo de la visión y del cerebro del feto; de modo que es muy importante que la mujer tenga suficientes ácidos grasos omega 3. Se recomienda comer dos porciones de pescado a la semana (una de ellas de pescado azul); no obstante, una ingesta superior no es aconsejable porque el pescado puede contener contaminantes como las dioxinas y los PCB (bifenilos policlorados).

Las vegetarianas deberán incluir una buena fuente de ALA en su dieta diaria: una cucharadita de aceite de semilla de lino para aliñar la ensalada o unas semillas de lino esparcidas en la comida serán suficientes.

contiene más sodio (sal) que otra. Consume aquella que tenga menos de 200 mg de sodio por litro, o compra agua con gas, que es distinta al agua mineral y tiene como mucho 200 mg de sodio, la misma cantidad que el agua corriente.

Las bebidas con gas pueden aumentar los problemas digestivos y contienen pocos nutrientes, de modo que bebe agua o leche. El té, el café y los refrescos de cola contienen cafeína y su efecto diurético es leve; por tanto, vigila lo que bebes. Para más información sobre la cafeína, véanse p. 22 y el recuadro sobre Contenido de cafeína en alimentos y bebidas, en p. 23.

Suplementos

Se recomienda que todas las mujeres tomen 400 mcg diarios de ácido fólico, desde que deciden quedarse embarazadas hasta la duodécima semana del embarazo, puesto que disminuye en el feto el riesgo de un defecto

Centrémonos en... *los suplementos*

Puede no estar claro qué suplementos son importantes y cuáles son perjudiciales durante el embarazo.
Toma:
◆ Un suplemento de 400 mcg de ácido fólico cuando sepas que estás embarazada, o desde que decides quedarte embarazada hasta la duodécima semana. No es necesario tomarlo durante más tiempo; pero si lo haces, no es perjudicial.
◆ Un suplemento de 10 mcg de vitamina D durante el embarazo.
Evita:
◆ Suplementos de aceite de pescado, contienen niveles altos de retinol (vitamina A).
◆ Cualquier suplemento que contenga retinol (vitamina A).
A tener en cuenta:
◆ Un suplemento nutricional puede ser de ayuda si antes de quedarte embarazada tu dieta ha tenido posibles carencias, o si tienes náuseas y no puedes alimentarte bien.
◆ Los suplementos de hierro se recomiendan si estás anémica, si eres muy joven, si normalmente tienes menstruaciones abundantes, si has tenido recientemente otro hijo o si se trata de un embarazo múltiple.

en el tubo neural como la espina bífida. Si ya tienes un hijo con esta enfermedad, el médico debería aconsejarte que tomases más de 400 mcg.

Algunas mujeres prefieren tomar un suplemento prenatal que contenga la cantidad necesaria de vitaminas y minerales. Estos suplementos pueden ser de ayuda para quien se ha quedado embarazada sin planificarlo, ha tenido una dieta poco equilibrada, tiene un embarazo múltiple o es una embarazada adolescente que todavía está en edad de crecimiento. También son apropiados para las mujeres que padecen muchas náuseas y vómitos, ya que aseguran un suplemento de vitaminas y de minerales al bebé.

Se recomienda que todas las mujeres tomen un suplemento de 10 mcg de vitamina D, porque se encuentra en pocos alimentos y la que recibimos proviene de la luz solar. Es muy importante que las vegetarianas estrictas y las mujeres que por motivos culturales cubren su piel tomen este suplemento lo antes posible.

La vitamina A en forma de retinol en dosis elevadas no es recomendable porque puede causar malformaciones en el feto. Por ello, no se recomienda ni el aceite de hígado de bacalao ni el aceite de otros pescados, y hay que asegurarse de que los suplementos no contienen retinol.

Las vitaminas y los minerales (conocidos como micronutrientes), aunque son necesarios en pequeñas dosis, son imprescindibles para tu salud y la del bebé. Este capítulo explica por qué es importante cada nutriente y proporciona las principales fuentes alimentarias de cada uno de ellos.

Las vitaminas y los minerales

Las investigaciones demuestran que cada vitamina y mineral desempeña una función vital en el desarrollo del feto. Algunas vitaminas, como el ácido fólico, son tan importantes que se aconseja tomarlas antes de quedarse embarazada. Sin embargo, para muchas mujeres el embarazo no es una situación planificada, de modo que alimentarse bien durante este período puede ayudar a cubrir las deficiencias existentes.

Las vitaminas esenciales

Las vitaminas son sustancias esenciales para el correcto funcionamiento del organismo. Es importante, para mejorar la ingestión de vitaminas, comer todos los días gran variedad de alimentos de los cuatro grupos principales.

vitamina A Se encuentra en forma de retinol en los animales y en forma de caroteno en las plantas, y la más común es el betacaroteno. A lo largo de toda la gestación se necesita más vitamina A debido al crecimiento celular del feto. Durante los tres primeros meses la vitamina A participa en el desarrollo del corazón, del sistema circulatorio y del sistema nervioso; durante los últimos tres meses, las necesidades aumentan porque es cuando el bebé crece más.

Conseguir el nivel adecuado de vitamina A es importante, ya que tanto una falta de esta vitamina como un aumento

Huevos *Son una fuente versátil de proteínas, retinol, vitamina D y yodo.*

Arándanos *Como otras frutas de mucho color, son una buena fuente de polifenol y antioxidantes.*

Cítricos *Todos los cítricos son una fuente extraordinaria de vitamina C.*

las vitaminas y los minerales principales

13

¿Qué cantidad debo ingerir?

Esta tabla muestra la cantidad de nutrientes que aconseja ingerir a diario la UK Reference Nutrient Intake durante el embarazo, teniendo en cuenta que anteriormente la dieta ha sido adecuada y que las adaptaciones que se produzcan en el organismo, como el aumento de la actividad hormonal y el descenso de la pérdida de nutrientes, cubrirá cualquier necesidad adicional.

Las cantidades en cursiva indican que no es necesario ingerir más

mcg = microgramos, en ocasiones aparece como µ
mg = miligramos

Nutriente: *vitaminas*	Consumo de nutrientes
Vitamina A mcg	700
Vitamina B$_1$ (tiamina) mg	0,8 y 0,9 el último trimestre
Vitamina B$_2$ (riboflavina) mg	1,4
Vitamina B$_3$ (niacina) mg	*12*
Vitamina B$_6$ (piridoxina) mg	*1,2*
Vitamina B$_{12}$ (cobalamina) mcg	*1,5*
Folatos (y ácido fólico) mcg	400, y a partir de las 12 semanas, 300
Vitamina C mg	50
Vitamina D mcg	10
Vitamina E mcg	no aparece recomendación oficial
Vitamina K mcg	no aparece recomendación oficial

Pan de tres semillas *(véase p. 126). Este pan contiene vitaminas B y E, folatos y magnesio, y aporta energía.*

Cereales con frutas deshidratadas *Un buen desayuno proporciona energía durante el día, además de vitaminas y minerales esenciales.*

elevado de retinol (7.500 mcg o más) puede causar malformaciones en el feto. Por tanto, el hígado no debe consumirse durante este período debido a su alto contenido en retinol (véase p. 20), así como las vitaminas que contienen retinol y los suplementos de aceite de hígado de pescado.
Principales fuentes de retinol: huevos, mantequilla, queso y riñón.
Principales fuentes de betacaroteno: frutas y verduras rojas, anaranjadas y amarillas (mango, pimiento, zanahoria, boniato y calabacín), y verduras verde oscuro (berro, espinacas, brécol y col).

Vitamina B$_1$ (tiamina).
Facilita la liberación de la energía que contienen los alimentos, y se ha de ingerir más cantidad debido al aumento de las necesidades energéticas en el último período del embarazo.
Principales fuentes: cerdo, guisantes, alubias, arroz integral, extracto de levadura y hortalizas de hoja verde.

Vitamina B$_2$ (riboflavina).
Como la tiamina, la vitamina B$_2$ es necesaria para la liberación de energía; por ello se recomienda que durante el embarazo se aumente ligeramente la ingesta.
Principales fuentes: leche, productos lácteos, extracto de levadura, cereales de desayuno enriquecidos, pan integral, alubias y lentejas.

Vitamina B$_3$ (niacina).
Como otras vitaminas del grupo B, es necesaria para la producción de energía; pero durante

este período no es necesaria una cantidad superior.
Principales fuentes: pescado, carne, frutos secos y cereales.

Vitamina B$_6$ (piridoxina).
Algunas investigaciones sugieren que las reservas de esta vitamina pueden reducirse con el uso prolongado de la píldora anticonceptiva; por tanto, si planificas quedarte embarazada, es recomendable que ingieras alimentos ricos en vitamina B$_6$, ya que es necesaria para el buen desarrollo del sistema nervioso central del bebé.
Principales fuentes: pan integral, extracto de levadura, pescado, plátano, patatas, guisantes y cacahuetes.

Vitamina B$_{12}$ (cobalamina).
Es imprescindible para el desarrollo del feto, porque es necesaria para la formación de glóbulos rojos y la producción del material genético básico. Como las principales fuentes son de origen animal, las vegetarianas pueden necesitar un suplemento de esta vitamina; consulta a tu médico.
Principales fuentes: carne, aves, riñón, pescado y productos lácteos.

Folatos y ácido fólico.
Los folatos se encuentran en muchos alimentos, pero no en la suficiente cantidad como para prevenir defectos del tubo neural, como la espina bífida. El ácido fólico es la versión sintética de esta vitamina y se encuentra en los suplementos. Se recomienda tomar un

Nutriente: *minerales*	Consumo de nutrientes
Calcio mg	700
Cobre mg	1,2
Yodo mcg	140
Hierro mg	14,8
Magnesio mg	270
Selenio mcg	60
Cinc mg	7

suplemento de 400 mcg, desde que decides quedarte embarazada hasta la duodécima semana del embarazo.
Principales fuentes: pan enriquecido, cereales de desayuno, espárragos, alubias, brécol, remolacha, guisantes, verduras de primavera, espinacas, naranjas y coles de Bruselas.

Vitamina C. Las necesidades de vitamina C aumentan durante el embarazo, ya que esta participa en la producción de nuevos tejidos y facilita la absorción del hierro. Algunos estudios relacionan los niveles bajos de vitamina C con la preeclampsia, una seria complicación del embarazo; por tanto, ingiere mucha vitamina C.
Principales fuentes: fresas, cítricos, papaya, arándanos, grosella negra, kiwi, pimientos, tomates, brécol, espinacas, col rizada, coles de Bruselas, patatas, berros y coliflor.

Vitamina D. Es imprescindible para promover la absorción del calcio, y para el desarrollo óseo y dental del feto. Como se encuentra en pocos alimentos y la que recibimos proviene de la luz solar, debido a la variación de luz en las diferentes estaciones, se recomienda que las embarazadas incluyan un suplemento diario de 10 mcg de vitamina D, sobre todo las vegetarianas y las mujeres que se cubren la piel.
Principales fuentes: pescado azul, yema de huevo, leche, mantequilla, margarinas enriquecidas y cereales de desayuno enriquecidos.

Vitamina E (tocoferol). Es un antioxidante necesario para mantener las membranas celulares. Se cree que puede haber relación entre la preeclampsia y un índice bajo de vitamina E.
Principales fuentes: aguacate, semillas, frutos secos, aceites vegetales, pan integral y pan con germen de trigo.

Vitamina K. Es esencial en el proceso de coagulación de la sangre, por ello se le suministra a los recién nacidos para evitar enfermedades hemorrágicas. Hay algunos estudios que demuestran que un déficit importante de vitamina K durante el embarazo puede deformar los dientes del bebé.
Principales fuentes: hortalizas verdes como el brécol, la col y las espinacas.

Los minerales esenciales

Los minerales son indispensables para el organismo porque tienen importantes funciones estructurales, y porque son componentes esenciales de los enzimas corporales.

Calcio. Es de gran importancia para el desarrollo óseo y dental, y participa en el desarrollo de los nervios y de los músculos. Cuando los bebés nacen, ya han acumulado 30 g de calcio en sus huesos, gracias a la eficacia del organismo para absorber el calcio de los alimentos y eliminar menos a través de la orina.

Por más que se pueda no recomendar que las mujeres sanas ingieran más calcio sí que es aconsejable, sin embargo, en las embarazadas adolescentes y en las mujeres que no ingieren productos lácteos.

La vitamina D es imprescindible en el proceso de absorción de calcio, y un déficit en las reservas de ambos nutrientes puede suponer un descenso de los niveles de calcio circulante; por tanto, se recomienda que las embarazadas tomen un suplemento de vitamina D.
Principales fuentes: tofu, almendras, tahini, hortalizas de hoja verde, alubias, lentejas, guisantes e higos secos; productos lácteos (leche, queso, yogur y queso fresco); pescado azul con espinas comestibles (salmón, sardinas y boquerones en lata); y pan blanco y cereales de desayuno enriquecidos con calcio.

las vitaminas y los minerales principales

La leche *es una buena fuente de calcio y de vitamina D.*
Las mujeres que no tomen productos lácteos tendrán que
conseguir calcio adicional.

Principales fuentes: pescado, marisco, algas marinas, huevos
y leche.

Hierro. Es esencial para la producción de glóbulos rojos;
por tanto, la mujer que se quede embarazada y tenga un
déficit de hierro puede tener anemia. Las personas que
corren el riesgo de tener pocas reservas son las
adolescentes, las mujeres que tienen menstruaciones
abundantes, las que han tenido embarazos muy seguidos o
las que ingieren una dieta pobre en hierro. A todas ellas se
les deberían prescribir suplementos de hierro (véase p. 32).

Los estudios realizados en embarazadas han
demostrado que el organismo absorbe el hierro de los
alimentos con más eficacia a medida que avanza el
embarazo. Por ello, y porque se pierde menos hierro al
no sangrar en las reglas, el ginecólogo decidirá si se ha
de tomar hierro adicional.
Principales fuentes del reino animal: carne roja, riñón,
corazón, pollo y pavo (principalmente el muslo), sardinas
y boquerones en lata, paté de pescado y huevos.
Principales fuentes del reino vegetal: cereales de desayuno
enriquecidos, pan, judías, alubias cocidas, fruta deshidratada,
coliflor, champiñones, hortalizas de hoja verde (verduras de
primavera, brécol y espinacas).

Magnesio. Participa en diversas funciones, desde el
desarrollo de los huesos y del material genético (DNA)
hasta las transmisiones nerviosas y las reacciones
celulares básicas.
El magnesio se almacena en los huesos, y una dieta pobre
y prolongada puede producir un déficit de este mineral.
Principales fuentes: cualquier semilla, como la de la
calabaza, el melón y el girasol; así como la leche, el pan,
las patatas y las hortalizas de hoja verde.

Selenio. Es un antioxidante esencial que protege a las
células de su deterioro. Es importante ingerir selenio antes
y durante el embarazo, ya que los estudios relacionan un
índice bajo de este mineral con el aborto.
Principales fuentes: nuez de Brasil, carne roja, pescado,
cereales y alimentos enriquecidos con selenio, como el pan.

Cinc. Es necesario para el sistema inmunitario y para
el desarrollo óseo del bebé. Las mujeres que toman un
suplemento de hierro pueden tener un déficit de cinc,
puesto que el hierro interfiere en su absorción; de modo
que deberían ingerir alimentos ricos en cinc.
Principales alimentos: carne roja, cereales integrales y marisco.

Cobre. Es necesario porque ayuda en la formación de los
huesos grandes.
Principales fuentes: orejones de albaricoque, carne, frutos
secos, arroz, pasta integral y cereales de desayuno.

Yodo. Participa en el funcionamiento de la glándula
tiroidea que regula el metabolismo. Asimismo, el yodo
atraviesa la placenta e interviene en la glándula tiroidea
del bebé. Un déficit importante puede producir problemas
en el desarrollo cerebral, como el cretinismo, aunque en los
países desarrollados no es frecuente. Aun así, la necesidad
de este mineral aumenta durante el embarazo, y se
han de ingerir alimentos adecuados como el pescado y
los productos lácteos. Las vegetarianas estrictas deberían
tomar suplementos, salvo que coman con regularidad
semillas de pescado y alimentos enriquecidos con yodo.

Durante el embarazo se estima que son necesarias unas 80.000 calorías extra, que no se han de conseguir a base de pasteles de chocolate. La mejor forma de obtenerlas es comer una dieta sana y equilibrada para proporcionar todos los nutrientes que necesitáis tú y tu bebé.

Un aumento de peso saludable

Cuánto peso has de ganar y qué alimentos son los adecuados para proporcionar energía extra son cuestiones que preocupan a las mujeres cuando se quedan embarazadas. ¿Cómo saber qué cantidades son suficientes, para después no tener que dedicar meses de duro trabajo para conseguir la silueta que tenías antes de quedarte embarazada?

Varía mucho la importancia que se le da al aumento de peso. Mientras que en países como Reino Unido, después de la primera visita al ginecólogo, no se controla el peso con regularidad, en otros como España sí se realiza un control regular.

Se espera que una embarazada gane una media de 12,5 kilos. Pero si se trata de una persona con sobrepeso previo al embarazo, con un índice de masa corporal (IMC) entre 26 y 30, deberá comer bien y mantenerse activa para ganar los mínimos kilos posibles hasta los tres últimos meses.

La mujer con exceso de peso previo al embarazo (con un IMC superior a 30) puede padecer una diabetes gestacional y se le suele practicar cesárea. El médico debería recomendarle que ganase el mínimo peso posible durante el embarazo.

La mayoría de los profesionales de la salud no recomiendan perder peso durante este período, pero sí ganar poco peso. Así se reducirá el riesgo de posibles complicaciones y el bebé crecerá con normalidad.

Si, por el contrario, antes del embarazo estás por debajo del peso normal, es muy importante que te alimentes bien, particularmente durante los primeros meses. Las mujeres

que normalmente pesan poco debido a una baja ingesta, en ocasiones no se sienten cómodas con su figura; si este es tu caso, consulta a tu médico. Limitar la ingesta o comer en exceso no es sano ni para ti ni para el bebé.

Después del parto

Es normal creer que el peso que has ganado durante el embarazo no lo vas a perder; pero si comes con moderación y haces ejercicio, poco a poco desaparecerá. Para más información, véase p. 59.

Cómo cubrir las necesidades energéticas

La mayoría de calorías extras necesarias durante el embarazo no se usan hasta el último trimestre y durante la lactancia materna, tal como muestra la gráfica de la p. 19. Para más información sobre las necesidades

¿A qué factores se debe este aumento de peso?

Peso del niño	3-3,5 kg
Peso de la placenta	0,7 kg
Peso del líquido amniótico	0,7 kg
Aumento de mamas y útero	1,3 kg
Aumento del volumen sanguíneo y de líquidos	3 kg
Grasa acumulada para la lactancia materna	3,5 kg

Más alimentos en los embarazos múltiples

Tener un embarazo múltiple aumenta las necesidades nutricionales; por tanto, asegúrate de tomar suplementos prenatales que contengan hierro, calcio, cinc, cobre, vitamina B_6, C, D y folatos.

Durante el tercer trimestre comer puede resultar difícil porque el estómago tiene menos espacio; de modo que intenta ingerir refrigerios sanos y evita las galletas y los pasteles. A continuación, te mostramos algunas ideas.

- ◆ Para empezar el día con energía, ingiere una rebanada de pan con harina de malta o un bollo con pasas untado con margarina baja en grasas, y un vaso de zumo de naranja.
- ◆ Para cubrir las necesidades de calcio, toma un refrigerio de queso cheddar descremado en porciones o almendras, y un batido de leche semidescremada.
- ◆ Para que el hierro se absorba con facilidad, ingiere un bistec pequeño con ensalada.
- ◆ La mantequilla de cacahuete es una buena fuente de proteínas vegetales, de modo que tómala con galletas saladas o pan.
- ◆ Los batidos de frutas son prácticos si te sientes llena y son una buena fuente de vitamina C.
- ◆ Para cubrir las necesidades de selenio y de magnesio, come algunas nueces de Brasil y semillas de calabaza; junto a pasas y arándanos, son un refrigerio delicioso.
- ◆ El yogur descremado con trozos de orejones de albaricoque se come con facilidad y es digestivo.
- ◆ Permítete un lujo rico en calcio: haz o compra arroz con leche con nuez moscada.

nutricionales durante la lactancia materna, véase el apartado A partir de las 40 semanas.

¿De dónde debería proceder la energía?

La fuente más sana de calorías proviene de los hidratos de carbono como el pan, los granos, los cereales, la pasta y las patatas. Estos alimentos, además, suelen tener un índice glucémico bajo y te ayudarán a sentirte saciada. Pero durante los últimos tres meses, cuando necesites más calorías, no lo uses como excusa para ingerir más pasteles, galletas y bollería. Continúa comiendo patatas, pasta o arroz, e ingiere pan, galletas saladas o cereales de desayuno bajos en calorías solamente como refrigerio. Estos alimentos proporcionan a su vez energía, fibra, y vitaminas y minerales esenciales.

La alimentación en los embarazos múltiples

Las pautas específicas para la nutrición en los embarazos múltiples reconocen que en estos casos existe una necesidad mayor de calorías y de nutrientes.

De hecho, ganar el peso adecuado durante las primeras veinte semanas indica que los bebés nacerán con más peso. Institutos médicos oficiales recomiendan que, independientemente del peso previo al embarazo, la mujer con un embarazo de mellizos tiene que pesar entre 16 y 20 kg más, con un aumento de 2,5 kg durante el primer trimestre y de 0,7 kg por semana en los siguientes meses; mientras que la mujer con un embarazo de trillizos tiene que ganar unos 23 kg o aumentar 0,7 kg por semana.

La mujer con embarazo múltiple no solo necesita más calorías, sino que también precisa más calcio, ácidos grasos esenciales y hierro para mantener el aumento adicional del volumen sanguíneo, el tamaño del útero, etc., así como el desarrollo de dos o más bebés.

Es importante que la dieta contenga una buena variedad de alimentos ricos en nutrientes y un suplemento prenatal. En estos casos, es recomendable que desde la duodécima semana la embarazada tome un suplemento diario que contenga 15 mg de cinc, 2 mg de cobre, 250 mg de calcio, 2 mg de vitamina B6, 300 mcg de ácido fólico, 50 mg de vitamina C, 5 mcg de vitamina D y 30 mg de hierro.

Una dosis rápida de energía. *Los plátanos te proporcionarán una inyección de energía porque tienen gran cantidad de azúcares naturales, potasio y vitaminas B.*

Cambio físico. *Disfruta observando cómo crece tu bebé.*

Fácil y nutricional. *Las comidas a base de hidratos de carbono, como la pasta, las patatas asadas y el arroz, os ayudarán a ti y a tu bebé a que tengáis cubiertas las necesidades energéticas.*

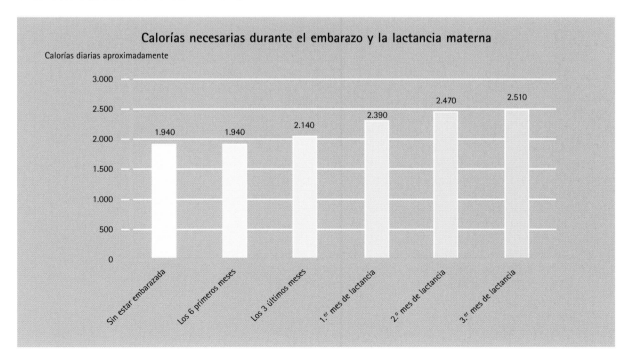

Calorías necesarias durante el embarazo y la lactancia materna

Calorías diarias aproximadamente

	Sin estar embarazada	Los 6 primeros meses	Los 3 últimos meses	1.er mes de lactancia	2.º mes de lactancia	3.er mes de lactancia
Calorías	1.940	1.940	2.140	2.390	2.470	2.510

un aumento de peso saludable

Parece que todas las semanas aparecen nuevos datos sobre qué
alimentos son sanos y cuáles no lo son. Esto puede preocupar mucho
cuando estás embarazada, pero con un poco de sentido común y de
conocimientos alimentarios es fácil evitar aquello que puede ser
perjudicial, sin prescindir de los alimentos sabrosos y nutricionales.

Opciones alimenticias sanas

Comer adecuadamente es importante en cualquier etapa
de la vida, pero durante el embarazo tú y el bebé sois más
vulnerables a las enfermedades; por tanto, es necesario
prestar más atención. Si cuidas la conservación y la
higiene, y no ingieres algunos alimentos, puedes evitar
muchos problemas.

Queso

Durante este período se puede ingerir cualquier queso,
a menos que esté procesado con leche no pasteurizada
o esté madurado con moho. Dentro de los azules están
el roquefort, el gorgonzola o el azul danés, en los
que se suele ver la veta azul en el interior; o el
camembert, el brie o el de cabra que suelen estar
cubiertos de moho. El peligro de estos quesos es la
listeriosis, una infección grave que puede presentar
aborto espontáneo o que el niño nazca muerto. Estos

ADVERTENCIA... Hígado y derivados

Se ha descubierto que el hígado contiene niveles muy altos
de vitamina A en forma de retinol, y aunque es un
nutriente esencial (véase p. 13), un exceso puede producir
malformaciones en el desarrollo del feto. Por ello, se
recomienda a embarazadas o a futuras embarazadas no
comer hígado ni derivados; aunque al tratarse de una
fuente importante de hierro, es necesario sustituirlo por
otros alimentos.

---

quesos, sin embargo, se pueden usar para cocinar
porque el calor elimina la bacteria que produce
esta infección.

El queso cottage, el cremoso o procesado, el feta,
la mozzarella, el ricotta, el mascarpone y los quesos
de sabor fuerte como el cheddar se pueden ingerir.

Paté

El paté de hígado no es recomendable por su alto
contenido en retinol, que puede producir malformaciones
en el bebé.

Otro tipo de patés, como el de pescado, de carne o de
verduras, también puede estar contaminado por la listeria;
es decir, a no ser que estén enlatados o los hayas hecho
tú, no los consumas.

Pescado

El pescado y el marisco son alimentos muy nutritivos
y una parte importante en la dieta, ya que proporcionan
al organismo ácidos grasos omega 3, yodo y proteínas.

El pescado blanco, como el bacalao, el abadejo, el
lenguado y la merluza, se puede comer sin problemas.
No obstante, el pescado azul, como la caballa, el salmón,
el arenque, la sardina, el boquerón y la trucha, solo se
puede comer dos veces por semana porque su carne
contiene dioxinas y bifenilos policlorados que en altas
dosis pueden dañar al feto.

Algunos pescados grandes, como el pez aguja, la
caballa gigante, el pez azulejo, el pez espada y el tiburón,
no deben ingerirse durante el embarazo porque pueden
contener mercurio y dañar el desarrollo del sistema

Preparación cuidadosa. *Recuerda lavar las frutas y las verduras antes de ingerirlas, para eliminar los restos de tierra, de insecticidas y de abono.*

Disfruta de las estaciones. *Elige las frutas de temporada para obtener mejor precio y más variedad, y no olvides que las frutas en lata, deshidratadas y congeladas también contienen muchas vitaminas y minerales.*

nervioso del bebé. Y el atún se puede ingerir, pero con moderación: dos filetes de atún fresco de unos 170 g (peso en crudo) o hasta cuatro latas medianas de atún (140 g peso neto escurrido) por semana.

No se recomienda comer pescado crudo, ya que puede contener pequeños gusanos que se destruyen si el alimento se cocina o se congela. De modo que el sushi que se prepara en algunos lugares con pescado crudo fresco no es aconsejable. De hecho, la mayoría del sushi que compran los supermercados o restaurantes, por requisito legal, debe haber sido preparado con pescado congelado. Consulta si el pescado es fresco o congelado, y solo consúmelo en caso de que sea congelado.

Comer salmón ahumado durante este período es seguro, puesto que el riesgo de infección es mínimo.

El marisco, como el mejillón, las gambas y los cangrejos, se puede ingerir siempre que se cocine adecuadamente, de modo que se destruyan las bacterias y los virus en caso de que los hubiese. Sin embargo, el marisco crudo, como las ostras, no es recomendable.

Frutos secos y semillas
Reino Unido había sido el único país que había recomendado, en 1998, que la mujer embarazada no comiese cacahuetes si el marido, los hermanos o hermanas sufrían alergias (fiebre del heno, asma y/o eccema).

En 2007, un informe más concluyente, del Comité de Ciencia y Tecnología de la Cámara Alta del Parlamento británico, aconsejó retirar esta recomendación porque las pruebas de que así se protegía al bebé de futuras alergias eran insuficientes; además, la realidad es que no consumir cacahuetes puede aumentar el riesgo de alergia en la infancia.

Actualmente se está realizando un estudio llamado Learning Early Peanut Allergy (LEAP), y mientras los resultados aún no se conocen, no es necesario evitar ingerir cacahuetes u otras semillas durante el embarazo.

Huevos y alimentos hechos con huevos crudos
No es conveniente ingerir alimentos que contengan huevos crudos, como la mayonesa casera, los sorbetes o los postres (tiramisú, suflé o espuma). No obstante, las versiones comerciales de estos productos sí que se pueden comer, y si vas a consumir estos alimentos fuera de casa, has de consultar cómo están preparados. Puedes ingerir los huevos cocinados siempre que la clara y la yema estén bien hechos, puesto que así evitarás el riesgo de salmonelosis.

Preparados para comer
Los alimentos parcial o totalmente preparados, cuando se vayan a calentar de nuevo, deben estar bien calientes para eliminar cualquier bacteria.

Una opción sana. *Los tés de hierbas y de frutas son una alternativa refrescante y no contienen cafeína.*

Alimentos frescos. *Consume los alimentos antes de su fecha de caducidad, y para conservarlos, mantén la temperatura de la nevera por debajo de 5 ºC.*

Alcohol

No serás la única a quien no le apetezca beber alcohol durante el embarazo, y quizá ese es el modo que tiene la naturaleza de indicarte que es mejor evitarlo. Un vaso de vino durante las comidas, una o dos veces a la semana, no parece tener efectos secundarios. Sin embargo, beber regularmente y en altas dosis incrementa el riesgo de aborto, de recién nacidos con bajo peso y de daños en el bebé. El alcohol también puede limitar la cantidad de nutrientes que recibe el feto, tanto mermando tu apetito como interfiriendo en la función de la placenta.
Un elevado consumo de alcohol puede producir retraso mental, así como malformaciones físicas en el niño.

Con estos posibles efectos, algunos profesionales de la salud exponen que es mejor no beber nada de alcohol durante este período. Y, por supuesto, es importantísimo no emborracharse. Aunque tomar una o dos medidas de alcohol a la semana no parece dañar al bebé, el mejor consejo es no beber; y si lo haces, ten cuidado con la cantidad de alcohol que contiene la bebida. Algunas, particularmente los vinos, actualmente contienen más alcohol y a menudo se sirven en vasos más grandes.
Un vaso de vino normal (175-200 ml) contiene dos medidas aproximadamente; un chupito, una medida; y los combinados, una medida y media.

Café y otras bebidas

El café es otra de las bebidas que muchas mujeres no toleran durante este período. Hay una relación entre las altas dosis de cafeína y la infertilidad, los recién nacidos con bajo peso y el aborto; por tanto, es importante reducir la ingesta a menos de 300 mg de cafeína al día (véase la tabla de la p. 23).

La cafeína y los polifenoles que se encuentran en el té y en el café pueden interferir en la absorción de los minerales que contienen los alimentos; o sea, que es mejor tomarlos, por lo menos, media hora después de haber comido.

Las bebidas descafeinadas se pueden beber durante el embarazo. El té de hierbas o de frutas resultan refrescantes, y algunos tienen beneficios propios. Se dice que la manzanilla facilita el sueño, y la menta, la digestión. Y se cree que, si se toma el último trimestre del embarazo, el té de hoja de frambuesa facilita el parto y refuerza el útero; pero no lo tomes antes, puesto que está relacionado con el riesgo de aborto.

Contenido de cafeína en alimentos y bebidas

Alimento o bebida	Cantidad consumida	Cantidad de cafeína aproximada por unidad
Bebidas de cafetería		
Café filtrado	221 ml (corto)	220 mg
Café filtrado	354 ml (largo)	375 mg
Capuchino con leche o espresso	1 medida	35 mg
Café americano	1 medida	35 mg
Café descafeinado	1 medida	10 mg
Café instantáneo, regular	1 tazón	100 mg
Café instantáneo, descafeinado	1 tazón	3 mg
Infusión de té	1 tazón	66 mg
Infusión de té	1 taza	50 mg
Chocolate caliente	1 tazón	5 mg
Bebidas con cola	1 lata (330 ml)	33 mg
Tableta de chocolate negro	50 g un paquete	50 mg máximo
Tableta de chocolate con leche	50 g un paquete	25 g aprox.

La higiene en los alimentos

Si sigues unas normas de higiene básicas, puedes evitar enfermedades transmitidas por alimentos que pueden dañaros a ti y a tu hijo.

◆ Siempre que vayas a manipular los alimentos, lávate las manos con jabón; particularmente, si has ido al baño, has tocado basura o animales de compañía, o has cambiado los pañales. Lávate las manos también después de manipular carne cruda. Ponte guantes para realizar trabajos de jardinería, y si tienes animales de compañía, usa guantes para retirar sus excrementos. Los parásitos de la toxoplasmosis viven en las heces de los animales, y pueden causar ceguera y trastornos cerebrales en el bebé.

◆ Mantén toda la cocina muy limpia. Desinfecta, regularmente, con lejía las encimeras; lava a diario los paños de cocina, que no has de usar como toalla de mano.

◆ Después de hacer la compra, pon los alimentos en la nevera; no los dejes en un lugar cálido, como el despacho o el coche.

◆ Conserva los alimentos a la temperatura adecuada, asegurándote de que la nevera está a 5 ºC. Los alimentos más perecederos (carnes cocinadas, quesos blandos, ensaladas, comidas preparadas y postres) deben estar en la zona más fría.

◆ Utiliza el cajón que se encuentra en la parte inferior del frigorífico para las frutas y las verduras no lavadas.

◆ Cubre o pon en recipientes herméticos cualquier carne o pescado crudos que puedan gotear, y colócalos en la zona más fría de la nevera.

◆ Guarda los huevos en la nevera.

◆ Consume los alimentos antes de su fecha de caducidad. Tira los alimentos caducados y no compres alimentos que estén a punto de caducar.

◆ Cuando cocines, deja una superficie para la carne y para el pescado crudos, y otra para los productos cocinados, para evitar mezclar los contaminantes.

◆ Asegúrate de que cuando cocinas carne, está bien hecha; es decir, el interior ha de alcanzar 70 ºC. El modo de saber si está cocinada es utilizando un medidor de temperatura, o clavando un cuchillo afilado en el centro para comprobar si el jugo sale claro.

La situación actual alimentaria es muy compleja, y resulta difícil saber si la ingesta de alimentos especiales os proporcionará beneficios a ti y a tu bebé. La siguiente información puede ayudarte a elegir.

Centrémonos en los alimentos

Comida orgánica

Las personas eligen los alimentos orgánicos por una serie de razones: el efecto en el medio ambiente, la preservación de la vida animal, la preocupación sobre la modificación genética de las plantas, o porque creen que los alimentos orgánicos son más sabrosos y mejores. Resulta lógico querer evitar las sustancias que, aunque en pequeñas cantidades, podrían dañarnos. Por tanto, es particularmente relevante en embarazadas y en niños para quienes una dosis de aditivos nocivos puede tener efectos a largo plazo. No obstante, los científicos de ambas posiciones siguen discutiendo sobre los alimentos orgánicos.

Los insecticidas y el abono están rigurosamente controlados por la legislación, y aunque los alimentos producidos orgánicamente contienen pocas sustancias químicas, no significa que sean totalmente seguros; por ejemplo, la cosecha puede contaminarse durante el almacenamiento. Aunque el uso de insecticidas está estrictamente limitado y solo aparecen cantidades minúsculas de residuos en los alimentos, algunas personas están preocupadas por el efecto que puede producir la combinación de distintos residuos.

Algunos estudios sugieren que existe relación entre algunos residuos de insecticidas y determinados cánceres, como el de mama y el de próstata. Se cree que los residuos afectan a algunas hormonas, incluidas las sexuales, que desempeñan un papel importante en el cáncer de mama y de próstata. Aunque no hay muestras concluyentes, se recomienda que la exposición a estas sustancias químicas debería reducirse, particularmente, durante el embarazo.

¿Los alimentos orgánicos contienen aditivos?

Los alimentos orgánicos no pueden contener edulcorantes artificiales, y hay una lista limitada de otros aditivos que sí se pueden incluir. Algunas personas creen que, si limitan la exposición a los aditivos, pueden reducir el riesgo de que ellos o sus hijos desarrollen reacciones alérgicas, como el asma, el eccema y la alergia a los alimentos.

¿Los alimentos orgánicos tienen más nutrientes?

Muy pocos estudios habían mostrado, hasta recientemente, que existiera una diferencia en el contenido de vitaminas y minerales entre alimentos orgánicos y convencionales. Sin embargo, actualmente, algunas investigaciones indican que algunas frutas y verduras orgánicas pueden tener unos niveles algo superiores de vitamina C y de otras sustancias importantes, como el fenol y los antocianinos. Sustancias que ayudan a proteger al organismo estimulando el sistema inmunitario, y destruyendo compuestos perjudiciales, como los radicales libres.

¿Debe mi pareja ingerir alimentos orgánicos?

Existen pruebas que indican que comer alimentos orgánicos favorece la cantidad y la calidad del esperma; de modo que si quieres quedarte embarazada y tienes dificultades para concebir, tú y tu pareja deberíais plantearos cambiar la dieta.

¿Qué alimentos orgánicos debería ingerir?

Optar por estos alimentos es una decisión personal. No hay razones para no ingerirlos, y si fuesen asequibles y sostenibles para todos, se podrían recomendar.

Frutas orgánicas. *Directrices muy estrictas controlan la cantidad de insecticidas y de abonos que pueden utilizarse.*

Etiquetado inteligente. *Muchos productos contienen colorantes y conservantes que no se recomiendan durante el embarazo. Lee la etiqueta antes de comprarlos o consumirlos.*

No obstante, los alimentos orgánicos son más caros, y el presupuesto determina si se consumen o no. Si durante el embarazo quieres ingerir algunos de estos alimentos pero te preocupa el precio, plantéate comprar los que ingieres con más frecuencia. Es decir, los alimentos básicos, como la leche, el pan, las frutas y las verduras, pueden ser orgánicos, y alimentos como el chocolate y las galletas no tienen por qué serlo.

¿Qué son los superalimentos?

Algunos alimentos tienen muchas vitaminas, minerales o fitoquímicos, y a menudo se los llama superalimentos.

---

centrémonos en... *los fitoquímicos*

Los fitoquímicos (también conocidos como fitonutrientes) son sustancias biológicamente activas que se encuentran en muchos vegetales. Hay cientos de fitoquímicos y su amplio abanico de propiedades todavía está por descubrir. Muchos de ellos actúan como antioxidantes protegiendo a las células del daño de moléculas inestables, y otros actúan como agentes antivíricos y antibacterianos. Aunque no existen recomendaciones dietéticas sobre qué cantidad de fitonutrientes necesitamos en los diferentes estadios de la vida ni durante el embarazo, te asegurarás una buen ingesta si comes gran variedad de frutas, verduras, cereales y vegetales.

Entre ellos se encuentran verduras, como el brécol y las espinacas; frutas, como la granada, los higos y el aguacate; la soja, la avena y una variedad de alimentos. No obstante, no hay ninguna clasificación que determine que un alimento sea un superalimento; por consiguiente, lo que una persona puede llamar superalimento, un experto puede rebatirlo.

Durante el embarazo debes comer alimentos que te gusten y que sean una buena fuente de nutrientes, se los llame o no superalimentos. En el siguiente capítulo hemos propuesto algunos alimentos que sería importante incluir en la dieta debido a su alto contenido nutricional.

Obtener lo mejor de tus alimentos

Con la información que se aporta sobre qué alimentos evitar (véanse pp. 20-23), deberías obtener el mayor valor nutricional de los alimentos que compres. Esto es, debes elegir los alimentos que estén en mejores condiciones (evita vegetales golpeados, dañados o marchitos) y es preferible que sean de temporada.

Con la carne, las aves y el pescado fresco fíjate en que la carne sea firme, evita los productos de aspecto húmedo y reseco, y asegúrate de que huelan bien.

Consulta las etiquetas y no compres ni consumas productos que estén a punto de caducar o caducados.

Algunas vitaminas, sobre todo la vitamina C y algunas del grupo B, se pierden durante el almacenamiento y la preparación. Para conservar la mayor cantidad posible:
- Guarda las frutas y las verduras en un lugar frío, e ingiérelas lo antes posible. Si no compras con frecuencia, usa verduras congeladas, ya que a menudo tienen más vitamina C que las que almacenas.

Superalimentos. *Es un término muy utilizado, aunque no tenga prestigio científico, y que hace referencia a los alimentos que tienen muchas vitaminas, minerales o fitoquímicos. La lista de estos alimentos puede variar, pero son alimentos imprescindibles durante el embarazo.*

yogur

leche

◆ Córtalas o ráyalas en trozos grandes para reducir la pérdida de vitamina.

◆ Si no te vas a comer la fruta o la verdura al momento, puedes conservar la vitamina C usando ácidos, como el limón, el zumo de lima o el vinagre.

◆ Intenta preparar las hortalizas ricas en vitamina C cuando las vayas a ingerir. Tira las que hayan sobrado, porque en el momento que las recalientes el contenido de vitaminas será muy bajo.

◆ La capa que se encuentra debajo de la piel de muchas frutas y verduras es rica en nutrientes; o sea, que si es posible ráscala en lugar de cortarla.

◆ Cocina con poca agua, al vapor o en microondas para reducir la pérdida de vitaminas.

Algunos de los alimentos más importantes para un embarazo saludable

Leche y derivados lácteos
Estos alimentos proporcionan calcio, magnesio, proteína y riboflavina esenciales, y muchos están disponibles en versiones descremadas que reducen calorías, grasa y saturados.

Leche. Tanto descremada como semidescremada, es una bebida importante durante el embarazo, bien con cereales o en bebidas.

Leche de soja. Es nutritivamente equivalente a la leche, y proporciona el calcio esencial a aquellas embarazadas que no toleren o no ingieran productos lácteos. Prueba las variedades sin azúcar a no ser que seas muy cuidadosa con tu limpieza bucal, ya que el azúcar que contiene puede producir caries.

Yogur. Es un alimento muy apropiado porque proporciona proteína, calcio y riboflavina fáciles de digerir. Si deseas ingerir un desayuno o un refrigerio saludable y sabroso, toma un yogur descremado con frutas deshidratadas y semillas.

Queso cheddar. Puedes comerlo como aperitivo, en bocadillos y en ensaladas, así como en salsas y en puré de patatas. El descremado contiene la misma cantidad de calcio, pero muchos menos saturados y calorías.

Pan, arroz, patatas, pasta y otros alimentos con alto contenido en almidón.
Todas tus comidas deben contener un alimento con almidón, ya que proporciona energía. Si eliges entre los alimentos bajos en IG (véase la tabla de la p. 10), aumentarás la sensación de saciedad. Prueba el arroz integral o el pan integral con semillas.

Cereales de desayuno. Son refrigerios rápidos y fáciles de comer que proporcionan vitaminas y minerales, y son «de combustión lenta». Ingiere las variedades integrales sin azúcar, y añádeles arándanos o trozos de albaricoque para conseguir más nutrientes.

Pan. Contiene hidratos de carbono que proporcionan energía, y si ingieres el integral, conseguirás más fibra y hierro. Algunos panes están enriquecidos con ácido fólico y selenio, así que si quieres mejorar tu dieta, opta por estos. Los panes con semillas o con frutos secos proporcionan vitamina E y minerales esenciales, como el selenio, el magnesio o el cinc.

Patatas. Te proporcionan la energía del almidón y vitamina C. Cuanto más reciente sea la cosecha de la patata, más vitaminas contiene; de modo que es preferible que en las ensaladas y en los platos principales consumas patatas nuevas.

Carne, pescado, huevos y alubias, y proteínas no lácteas.
Durante el embarazo las necesidades proteicas aumentan,

pan integral

tofu

brécol

lo que no significa que debas ingerir más cantidad de la habitual, sino que debes incluir un alimento rico en proteínas en dos comidas.

Sardinas en lata. Es uno de los alimentos más nutritivos durante el embarazo. Además de contener mucho omega 3, necesario para el desarrollo cerebral y visual del bebé, son ricas en selenio, cinc y vitaminas B, y es uno de los pocos alimentos que contiene vitamina D. Si te comes las espinas, también ingerirás calcio y fósforo. Pruébalas en tostadas o envueltas en pasta filo, para preparar el strudel que aparece en la p. 70.

Salmón. Es un pescado popular y muy nutritivo que proporciona omega 3, esencial para el desarrollo cerebral y visual del bebé. Puedes comer dos porciones a la semana. El salmón en lata es ideal para prepararte un bocadillo nutritivo si has de comer fuera de casa. Una porción de salmón en lata con espinas proporciona más del 20 por ciento de las necesidades diarias de calcio.

Ternera. Es una buena fuente de hierro de fácil absorción, del que, a menudo, durante el embarazo, no se ingiere lo suficiente. La carne de ternera magra contiene menos grasa y saturados; es decir, compra los trozos que tengan menos grasa y retira la visible. ¿Por qué no te das el capricho de comer un filete pequeño con una sabrosa ensalada con semillas de granada?

Pollo y pavo. No tienen tanto hierro como la carne roja magra, pero sí cantidades considerables, particularmente el muslo, que también contiene más cinc y selenio que la pechuga.

Alubias pintas. Como tienen muchos folatos, algo poco habitual en los alimentos, son ideales antes y durante el primer período del embarazo. Además de fibra, proporcionan tiamina (B) y selenio. Cómpralas en lata, o déjalas en remojo y hiérvelas para acompañar ensaladas, sopas y guisos.

Tofu. Es una extraordinaria fuente de proteínas baja en calorías, para las vegetarianas. También proporciona una fuente excelente de vitaminas B, como la niacina y la tiamina, y calcio para el crecimiento óseo. Se puede usar para cocinar platos exquisitos, o mezclar con otros ingredientes para hacer salsas o postres.

Frutas y verduras

Son ricas en vitaminas y minerales, y tienen muchos fitonutrientes esenciales; por tanto, son básicas en todas las comidas. Prueba algunos de estos alimentos.

Aguacate. Conocido por su contenido en vitamina E, esta fruta también contiene vitaminas del grupo B (ácido pantoténico y B6). Medio aguacate proporciona casi la mitad de la vitamina E que se recomienda ingerir en el embarazo. Esta vitamina es importante para la fertilidad, particularmente para aumentar la cantidad de esperma y la movilidad. El aguacate es un alimento nutritivo que se puede comer como salsa, si lo machacas, o en ensalada.

centrémonos en los alimentos

Verduras frescas. *En general, es mejor ingerir las verduras crudas para beneficiarse de su valor nutritivo; si están pasadas, se han de desechar. Las zanahorias son ricas en betacaroteno, esencial para tu salud y la de tu bebé.*

Frutas. *Aunque es mejor comerlas frescas, algunas frutas deshidratadas, como el albaricoque, mantienen sus beneficios naturales. Sin embargo, los tomates tienen la particularidad de que suelen ser más nutritivos cocinados.*

Brécol. Es una de las verduras más nutritivas, rica en vitamina C, betacaroteno y folatos, y también proporciona glucosinolatos. El brécol forma parte de la familia de las coles, y junto a las coles de Bruselas y al repollo se dice que da mal sabor a la leche materna. Si esta situación se da cuando amamantes a tu hijo, sustitúyelo por otras verduras ricas en vitamina C, como los guisantes y los tomates.

Zanahorias. La humilde zanahoria es una de las principales fuentes de betacaroteno, esencial en muchos factores de crecimiento del bebé, y un antioxidante vital para mantener en buena forma tu sistema inmunitario. Esta hortaliza no contiene mucha vitamina C; por tanto, puedes prepararla con antelación y guardarla en la nevera para comerla con una salsa baja en grasa.

Tomates. Contiene nutrientes como la vitamina C y el betacaroteno, que tienen acción antioxidante, y el licopene fitonutriente, necesarios para protegeros a ti y al bebé. Come tomates a menudo, y si los pones a madurar en la ventana aumentará el dulzor y el contenido en nutrientes.

Orejones de albaricoque. Es una fruta versátil que contiene hierro, cobre, calcio y fibra dietética, y son particularmente ricos en potasio y betacaroteno. Para obtener un desayuno rápido y fácil, trocéalos en los cereales o cómelos como refrigerio en el trabajo. Los orejones también se usan en la repostería, y su dulzor natural reduce la necesidad de añadir azúcar.

Grosella negra. Es una de las principales fuentes de vitamina C, y además contiene un fitonutriente llamado bioflavonoide. Una porción de estofado con grosella negra contiene 160 mg de vitamina C, tres veces más de la que necesitas cada día. Aunque su sabor es ácido, con azúcar puede resultar una salsa deliciosa para acompañar pescados nutritivos, como la caballa, o deliciosos pasteles.

Mango. Es una fuente de fibra y de potasio, y en lo que concierne al betacaroteno y la vitamina C, es insuperable. Los betacarotenos, junto con el fitonutriente criptoxantina, son antioxidantes que protegen de las infecciones. El betacaroteno se transforma en vitamina A y se usa para desarrollar sistemas vitales en el bebé. Para degustar una deliciosa ensalada, corta un mango, añádele papaya o piña y cúbrelo con fruta de la pasión; para saborear una cena refrescante, haz a la brasa una brocheta con pollo y mango.

Naranjas. Las naranjas proporcionan vitamina C, folatos, potasio y fibra soluble; el zumo de naranja es una fuente concentrada de vitamina C, vital para tu salud y para el crecimiento del bebé. Si deseas mantener las encías en buen estado y no tener infecciones, come las naranjas enteras. La kumquat (naranja enana) también proporciona el beneficio adicional de los fitonutrientes que se encuentran en la piel comestible.

Los antojos y las aversiones son una parte conocida del embarazo, pero si empiezas a evitar o no eres capaz de comer determinados alimentos debido a una alergia o intolerancia, aquí tienes algunos consejos para asegurarte una dieta adecuada.

Problemas alimenticios y soluciones

Durante la gestación algunas mujeres se encuentran muy bien, mientras que otras sufren todo tipo de problemas. Además, algunas mujeres se quedan embarazadas teniendo ya un problema de salud que puede afectar a su embarazo. Los menús (véanse pp. 30-59) aportan soluciones a muchos de los problemas que pueden presentarse en cada una de las etapas del embarazo, como las náuseas y la indigestión. Sin embargo, en este apartado trataremos las situaciones específicas que pueden afectarte.

¿Se te antojan determinados alimentos?

Se cree que los trastornos hormonales son la causa de la alteración de los gustos alimenticios, y la aversión hacia los alimentos puede ser uno de los primeros síntomas del embarazo. A menudo, la mujer embarazada no tolera alimentos que en grandes cantidades no son convenientes durante este período, como el café, el té y el alcohol.

No obstante, si sientes aversión hacia un alimento que sea una fuente importante de nutrientes, sustitúyelo por otro equivalente (véanse pp. 8-9).

Por otro lado, antes se creía que los antojos eran signos físicos de necesidades nutricionales, como podía ser el caso del brécol, la leche o el pomelo, que eran antojos comunes. Sin embargo, a algunas embarazadas no se les antojaban

Alimentos que se evitan	Nutrientes principales	Alimentos sustitutivos
Leche	Proteína, calcio, riboflavina, vitamina B_{12}, A y D.	Bebidas enriquecidas con soja, pescado azul en lata con espinas, almendras, pan blanco, orejones de albaricoque, tofu.
Huevos	Proteína, vitamina A, E, riboflavina, yodo.	Otros alimentos ricos en proteínas, como la carne, el pescado, el tofu y las alubias.
Trigo	Hidratos de carbono, fibra, proteína, vitaminas del grupo B, hierro.	Maíz, harina de maíz, arroz, patatas o productos sin gluten.
Pescado y marisco		Otros alimentos ricos en proteínas como la carne, los huevos y las alubias.
Soja	Una variedad de nutrientes según el tipo de producto; proteína, calcio, vitaminas del grupo B, hierro.	Productos lácteos si no hay intolerancia, carne, pescado y huevos.
Cítricos	Vitamina C.	Piñas, tomates, kiwi, grosella negra, brécol y col.

ADVERTENCIA... Debes hacer ejercicio

La importancia de la actividad física durante el embarazo está adquiriendo gran reconocimiento, y lo avalan investigaciones en todo el mundo. Si normalmente no haces ejercicio, es una buena idea realizar alguna actividad suave, como caminar o nadar; pero consulta a tu ginecólogo o comadrona, sobre todo si vas a iniciar una actividad. Las pruebas científicas muestran que hacer ejercicio durante este período aporta más beneficios que problemas. Sin embargo, aunque no se ha establecido ningún límite, es probable que te sientas menos cómoda durante el tercer trimestre. Entre las diferentes actividades, la natación es muy aconsejable porque el agua mantiene el peso corporal, de modo que puedes disfrutar del ejercicio y de los beneficios que este aporta.

Durante el embarazo, tu cuerpo se adapta al ejercicio, y esto parece que protege al bebé de posibles daños.

El ejercicio, además de beneficiaros a ti y a tú bebé, puede ayudarte a recuperar antes la figura. Mantenerse activa también aporta otros beneficios:

- ◆ Es menos probable que tengas presión arterial alta y preeclampsia.
- ◆ Reduces el riesgo de padecer una diabetes gestacional.
- ◆ Es probable que te recuperes con mayor rapidez después del parto.
- ◆ Tienes mejor salud mental porque, al hacer ejercicio, aumentan las endorfinas.
- ◆ Es menos probable que tengas problemas de espalda y de varices.

Consejos:

- ◆ A medida que el volumen de tu cuerpo aumenta, tu centro de gravedad varía; así que ten cuidado de no caerte de la bicicleta.
- ◆ Durante el último período, evita ejercicios en los que tengas que estar durante mucho tiempo en una misma postura o apoyada sobre la espalda, ya que puedes restringir el flujo sanguíneo al bebé.
- ◆ Evita montar a caballo, esquiar o ir en bicicleta de montaña para prevenir posibles caídas.

alimentos, sino carbón y tierra; y aunque pudieran ser necesidades nutricionales, las investigaciones no lo confirman. Del mismo modo que no lo son la ingesta de alimentos con bajo contenido en nutrientes, como el chocolate, los pasteles y las galletas. Si te apetece este tipo de alimentos y estás siguiendo una dieta sana, regálate una pequeña porción. Tan solo asegúrate de que no te sacien y de que no sustituyen otros alimentos nutricionales.

¿Tienes algún trastorno alimentario?

Si sufres un trastorno alimentario, como la anorexia o la bulimia, es muy importante acudir al médico. Aparte de que resulta más difícil concebir, atracarse y vomitar afecta negativamente a los niveles de glucosa en sangre, dificultando que el bebé obtenga provisiones de energía y nutrientes constantes. Y también puede contribuir a una depresión posparto.

Si ya estás embarazada, no es tarde para cambiar los hábitos. Así que, por el bien de tu bebé y el tuyo propio, habla con un médico para que te asista; puede ser de gran ayuda para que aceptes tu nueva figura, y muy beneficioso para planificar una buena dieta.

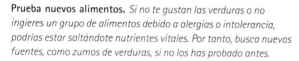

Prueba nuevos alimentos. *Si no te gustan las verduras o no ingieres un grupo de alimentos debido a alergias o intolerancia, podrías estar saltándote nutrientes vitales. Por tanto, busca nuevas fuentes, como zumos de verduras, si no los has probado antes.*

Los beneficios del ejercicio. *Durante el embarazo se recomienda el ejercicio suave. Intenta no sudar mucho, y para mantenerte hidratada, bebe mucho líquido durante y después del ejercicio.*

Alergias, intolerancia y rechazo a algunos alimentos

Si te han realizado una prueba de alergia o de intolerancia a los alimentos, quizá debas dejar de ingerir algunos. Este es un buen momento para asegurarse de que has reemplazado los nutrientes de estos alimentos. Véase tabla en p. 29.

Si eres celíaca, debes ingerir alimentos libres de gluten para mejorar la capacidad de absorción de vitaminas y minerales, y si antes de quedarte embarazada no has sido muy estricta con la dieta, entonces es importante que tomes un suplemento que incluya ácido fólico, hierro y vitamina D.

Los estudios actuales sugieren que el riesgo de que el bebé desarrolle alergias (asma y eccema) no disminuye, aunque evites durante el embarazo productos alérgicos como los frutos secos, la leche, las naranjas, el trigo o el pescado. La mejor manera de proteger a tu hijo es alimentándolo con leche materna durante los seis primeros meses de vida.

Si eres una persona delicada para comer y evitas ingerir verduras u otro grupo alimenticio, lee con atención el apartado de vitaminas y minerales principales para asegurarte de que tomas todos los nutrientes vitales. También es importante que acudas a un dietista o nutricionista cualificado.

La tabla de la p. 29 muestra algunos de los principales alimentos que a menudo se omiten en la dieta, sus nutrientes principales y algunos buenos sustitutivos.

¿Eres diabética?

Si eres diabética, debes tener un cuidado especial durante este período. Por consiguiente, es primordial que, antes de quedarte embarazada, te aconseje un médico; y además, durante el embarazo y el parto tendrás la ayuda de comadronas y enfermeras especializadas. Tal como hacías con la dieta anterior, es importante que te hagas controles rigurosos de glucemia.

Si sabes cuáles son las necesidades nutricionales e ingieres los alimentos y suplementos que las proporcionan, no hay motivo para no continuar con una dieta vegetariana durante el embarazo.

La embarazada vegetariana

Es muy importante para la salud del bebé que durante el embarazo hagas una dieta vegetariana equilibrada y bien planificada. Ingerir una amplia variedad de los alimentos de los grupos alimenticios principales te proporcionará los nutrientes básicos. Las vegetarianas han de hacer hincapié en las proteínas, el hierro, el calcio, las vitaminas D y B_{12}, y el cinc.

Si eres vegana (vegetariana estricta), has de prestar más atención a la dieta, y es recomendable que te plantees tomar suplementos o incluir algún producto animal. Las veganas suelen tener niños con bajo peso; por tanto, es crucial comer adecuadamente, y asegurarse la ingesta de las calorías y los nutrientes necesarios.

Proteínas
Si ingieres productos lácteos o huevos, no dependas solo de estas proteínas e incluye alubias, guisantes y lentejas con cereales, que, además de proteínas, te proporcionarán vitaminas del grupo B, hierro y fibra. Come también frutos secos y semillas de girasol y de calabaza, así como productos de soja o alubias, que tienen muchas proteínas y calcio, y otras vitaminas y minerales si están enriquecidas.

Hierro
Durante el embarazo el volumen sanguíneo aumenta aproximadamente 1,7 litros, y el hierro es un componente fundamental de los glóbulos rojos. A muchas mujeres, vegetarianas o no, se les prescriben suplementos de hierro; aunque también deberían ingerir alimentos ricos en hierro.

Las fuentes principales incluyen lentejas, alubias, cereales enriquecidos, huevos, hortalizas de hoja verde oscuro, tofu, pan integral y frutas deshidratadas. Evita tomar té o café durante las comidas para prevenir que los polifenoles que contienen estas bebidas interfieran en la absorción de este mineral. En su lugar, bebe un vaso de zumo de fruta sin azúcar rico en vitamina C.

Calcio y vitamina D
El cuerpo se adapta al embarazo absorbiendo más calcio de los alimentos que ingieres, y para ello el organismo necesita vitamina D; así que debes ingerir alimentos ricos en calcio y en vitamina D. Para las vegetarianas conseguir vitamina D resulta un problema, ya que las principales fuentes son el pescado azul, la mantequilla y la margarina. Se recomienda a todas las embarazadas un suplemento diario de 10 mcg de vitamina D.

Si eres ovolactovegetariana, el calcio se puede obtener fácilmente de la leche y de los productos lácteos; por consiguiente, toma por lo menos medio litro de leche diario, además de yogur, queso fresco u otra clase de queso. También puedes probar fuentes vegetarianas como el pan blanco, el tofu, los garbanzos, las almendras y las bebidas de soja enriquecidas.

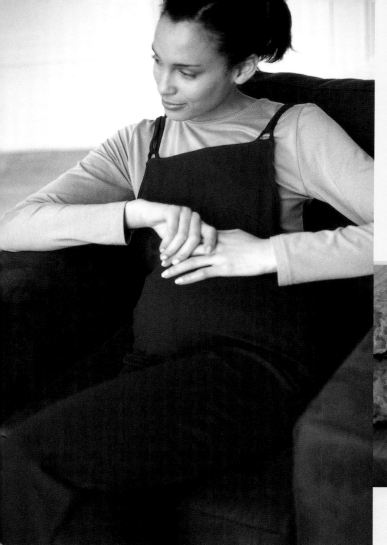

Paté de pimientos rojos asados. *(Véase p. 65.) Esta es una de las recetas que aparece en este libro, ideal para vegetarianas.*

Disfruta de una vida sana. *Planificar las comidas es importante para conseguir una dieta equilibrada.*

Ingredientes básicos. *El pan, la soja, el tofu y el queso o la leche son alimentos prácticos y cómodos para las vegetarianas.*

Vitamina B$_{12}$

Esta vitamina solo se encuentra en el reino animal y es esencial para la formación de glóbulos rojos. Las veganas han de tener muy presente esta vitamina. Se recomienda un suplemento de vitamina B$_{12}$ (combinado con ácido fólico, ya que trabajan conjuntamente).

Cinc

El cinc participa en la división celular, y desempeña un papel primordial en la formación ósea, en el sistema inmunitario y en el desarrollo de los órganos sexuales. Un déficit de cinc en el hombre puede causar infertilidad; por tanto, si tienes problemas para concebir, ten en cuenta tú dieta y la de tu pareja. El cinc se encuentra en las semillas de los cereales, el arroz y la pasta integral, y hay grandes cantidades en el queso y en los huevos.

refrigerios inteligentes

Para aumentar y variar la ingesta de vitaminas y minerales, intenta comer algunos de estos alimentos a diario:

Los frutos secos son excelentes si tienes poca energía. Prueba los anacardos, ya que contienen hierro; y las almendras, calcio.

Las semillas de calabaza y de girasol te proporcionan proteínas y cinc.

La fruta fresca contiene vitamina C, que ayuda a absorber el hierro de los alimentos y proporciona fitonutrientes.

La fruta deshidratada (higos, albaricoques y ciruelas) es un refrigerio fácil de llevar que proporciona cantidades valiosas de hierro, fibra y calcio.

Las tostadas aportan energía, hierro y vitaminas del grupo B, y algo de calcio.

Los cereales de desayuno enriquecidos son una fuente importante de vitaminas y algunos minerales, principalmente el hierro.

El yogur y el queso proporcionan un sabroso aporte de calcio.

Las sopas de verduras son fáciles de ingerir y de digerir.

Si trabajas a tiempo completo, es difícil asegurarte de que comes tan bien como deberías. Si te organizas, usas refrigerios fáciles de llevar y preparas comidas sencillas, la vida te resultará más cómoda.

La jornada laboral

Por muy ocupada que estés en el trabajo, consigue tiempo para comer bien durante el embarazo. Si tienes náuseas matutinas o aversión a los alimentos, te resultará difícil tener la energía suficiente para trabajar. Si no puedes ingerir las comidas habituales, aliméntate a base de refrigerios sanos. Guarda en el trabajo un surtido (véase el anterior recuadro), para aportaros a ti y a tu bebé algunos de los nutrientes necesarios.

Comer en el camino

Si utilizas transporte público para ir al trabajo o haces largos recorridos en coche, lleva algún refrigerio y alguna fruta para el desayuno o para el regreso a casa. Si vas al trabajo con prisas, en las cafeterías suele haber una gran variedad de batidos de fruta, zumos y bocadillos, pero no te excedas con el café (véase p. 22).

A la hora del almuerzo

Si puedes, llévate la comida al trabajo, y asegúrate una comida equilibrada; porque cuando se trata de comer y dispones de poco tiempo, la inspiración desaparece. En los menús (véanse pp. 40-59) encontrarás sugerencias, y a continuación, hay algunas más para variar. Si cenas fuera de casa, véanse pp. 36-37 para saber qué comer.

Bocadillos

Transforma los bocadillos usando diversos panes, como el de pita, el de chapata y las tortillas; incluye distintas hortalizas, como la rúcula o el berro; y prueba la zanahoria rallada, los piñones y las coles de Bruselas. Si por la mañana no dispones de tiempo para prepararlos, aprovecha el fin de semana para cocinar algunos rellenos. El paté de trucha y ricotta (véase p. 66) o el de pimientos rojos asados (véase p. 65) se conservan bien durante un par de días. Si compras bocadillos preparados, elige los que tengan poca grasa y sean de pan integral. Los bocadillos comerciales usan mayonesa pasteurizada, que puedes comer con tranquilidad; sin embargo, evita los quesos que contienen moho, como el brie o el cabra (véase p. 20).

Sopas

Puedes cocinarlas tú misma (véanse pp. 61-64) u optar por las preparadas; si es este el caso, asegúrate de leer la etiqueta para evitar aquellas que tienen un alto contenido en sal.

No ingieras sopas tipo consomé (a no ser que sea lo único que toleres), porque no te saciarán. Si el fin de semana dispones de tiempo, haz sopa y congela una parte en diferentes recipientes para los almuerzos de la semana. Si en el trabajo no puedes calentarla, puedes llevarla en un termo.

Patatas asadas

Las patatas te proporcionan energía, vitamina C y fibra. Si puedes cocinarlas en el trabajo, hay acompañamientos muy apetitosos: el hummus con tomates secos (véase p. 66) es fácil de preparar. Si compras la patata ya asada, escoge los acompañamientos bajos en grasa, como las alubias en salsa de tomate.
Y asegúrate de que la piel esté lavada, si dudas retírala.

Ensaladas

Tanto si las preparas tú (véanse pp. 108-112) como si las compras preparadas, elige las que contengan diversos

Estrategia de trabajo. *Para afrontar la jornada laboral en estado de embarazo, necesitas mucha energía, así que recuerda que debes alimentarte bien.*

Bocadillo de pita. *Si quieres un almuerzo fácil de llevar, rellena un pan de pita integral con lechuga, pollo asado, cebollino y gelatina de grosella roja.*

Surtido de refrigerios en el trabajo

Ten un suministro de refrigerios para matar el hambre en el trabajo.

Frutas variadas, en lugar de una única clase, para así no aborrecerlas.

Galletas saladas, digestivas o de arroz, y barras de cereales.

Semillas ricas en magnesio o frutos secos, como las almendras y los anacardos.

Envases pequeños de zumo de naranja, agua mineral y leche UHT.

Panecillos con semillas o bollos con pasas.

Pequeñas bolsas de fruta deshidratada (higos, ciruelas, peras o albaricoques).

Palitos de pimiento, zanahoria y mazorcas de maíz baby, ya que aguantan bien si los mantienes en frío y en un recipiente hermético.

ingredientes y asegúrate de que son frescos. Las ensaladas que contienen granos, pasta y cuscús proporcionan energía, y te sentirás saciada. Si optas por una ensalada a base de vegetales, añádele proteínas y pan para que tenga suficiente energía y nutrientes. La vitamina C que contienen las verduras se pierde, en gran medida, cuando las cortas; por tanto, es preferible cortarlas en trozos grandes y aliñarlas con condimento ácido.

Comida rápida

Comer una hamburguesa o un trozo de pizza de vez en cuando está bien, pero suelen tener mucha grasa; por tanto, no has de ingerirlas regularmente y has de evitar las de cuatro quesos. Para conseguir una variedad de nutrientes, lo ideal es compartir una pizza y llenarse con la ensalada.

Cenas sencillas

Hay momentos en que te sientes tan cansada que cuando llegas a casa, lo último que te apetece es cocinar: no lo uses como excusa para comer unas galletas o, simplemente, para no comer. A continuación, hay unas sugerencias que te ayudarán:

◆ Pídele a tu pareja que guise.

◆ Cuando cocines, prepara más cantidad y congela la mitad para esas ocasiones en las que estás muy cansada.

◆ Si en el trabajo tienes un buen comedor, almuerza el menú del día y por la noche cena algo ligero.

◆ Prepara una pieza de pollo o de salmón a la plancha, y acompáñalo con una ensalada grande o brécol al vapor y un panecillo tostado.

◆ La pasta es un recurso inapreciable. Prepara el fin de semana salsas y congélalas para usarlas durante la semana.

la jornada laboral

Si vas a cenar con los amigos, estás de vacaciones o comes en un restaurante, tener en cuenta algunos asuntos de seguridad alimentaria te ayudará a estar relajada. Hay muchas opciones disponibles que son sanas y nutricionales.

Comer fuera de casa

Fuera de casa, en ocasiones te preocuparás por cuestiones alimentarias que antes quizá no te habías planteado. Muchas de esas dudas se centran en saber qué alimentos son sanos. No obstante, cuando vas a comer fuera, lo que quieres es estar relajada.

Comer en un restaurante

La mayoría de restaurantes tienen multitud de opciones para mujeres embarazadas. Pero si tienes alguna duda sobre los platos que aparecen en la carta, pregunta qué contienen o cómo se han cocinado; y si el camarero no está seguro, pide que lo consulte en la cocina.

Si intentas comer porciones normales, pide dos primeros platos en lugar de un primero y un segundo, o un primer plato y menos cantidad del segundo.

Si sientes debilidad por los postres, por qué no pides un primer plato y un postre. Seguro que no es una comida muy equilibrada, pero un capricho ocasional no hace daño.

Lo último que deseas es acabar la noche con ardor de estómago; por tanto, evita platos picantes o grasos.

Primer plato

Evita comer pescado y marisco crudo, como las ostras. Consulta si el sushi está preparado con pescado previamente congelado; si es así, puedes comerlo. Pide los platos cocinados, como sardinas o gambas, a la plancha. Evita los patés o similares porque pueden contener listeria. Y antes de pedir sabrosos suflés y espumas fríos, consulta si están hechos con la clara del huevo.

Segundo plato

No puedes ingerir el steak tartare, el sushi y otros platos elaborados con carne y pescado crudo. En su lugar, opta por la carne y el pescado cocinados; para ello, los jugos han de ser claros. De nuevo, consulta cómo están hechas las salsas: la salsa holandesa fresca contiene huevos crudos, y es la base de las salsa muselina y bearnesa.

Postres

Los suflés, las espumas y las tarrinas de chocolate fríos suelen contener huevos crudos, el tiramisú suele estar hecho con la clara del huevo, y los helados «caseros» suelen llevar huevo crudo; en cambio, la crema quemada y las natillas con azúcar quemado se pueden comer porque los huevos están cocinados.

Bebidas

Puedes permitirte el lujo de beber un vaso de vino; sin embargo, cuanto menos alcohol bebas mejor, y a ser posible limita la ingesta durante la comida. Si te apetece un café después de un ágape, no te olvides del consejo sobre la ingesta de esta bebida (véase p. 22); en su lugar, puedes tomar café descafeinado o un té con menta, que es muy digestivo.

En los desplazamientos

Tanto si te diriges al trabajo, pasas el día fuera de casa o vas de vacaciones, los trayectos son uno de los momentos en que más facilmente puedes adquirir malos hábitos; no obstante, si lo planificas, puedes asegurarte la ingesta de alimentos sanos. No te saltes comidas; hasta los

Una opción saludable. *Si comes fuera de casa, hazlo de forma saludable y elige algo que normalmente no cocinarías en casa.*

Comer en los restaurantes. *La mayoría de menús tienen multitud de opciones para ti. Limítate a seguir el consejo de debajo.*

Cuando vayas a casa de amigos, hazles saber con antelación que estás embarazada, y coméntales qué alimentos puedes ingerir, para así poder disfrutar del momento.

continúa con tu vida...

si vas a comer con amigos

Platos con huevos crudos. Los postres, las salsas y la mayonesa se preparan con huevos crudos y no te convienen.

Carne poco hecha o cruda. El jamón de parma y otras carnes poco hechas no son aconsejables, y si te ofrecen carne cocinada, como un bistec, asegúrate de que esté bien hecha.

Paté casero. El paté de hígado no lo puedes probar; sin embargo, otro tipo de patés caseros sí.

Pescado. El pescado es muy bueno durante el embarazo, pero evítalo crudo; y puedes comer sushi si el pescado se ha congelado previamente.

La tabla de quesos. Evita los quesos que no sean pasteurizados, los madurados con moho (brie, de cabra) o con vetas azules (roquefort, gorgonzola).

trayectos cortos pueden mermar los niveles de energía, particularmente si te has de enfrentar al estrés de las horas punta de tránsito o a trenes abarrotados. Por tanto, antes de salir por la mañana, busca tiempo para desayunar y lleva algún refrigerio para el camino. Alimentos como las manzanas, la fruta deshidratada o los frutos secos son fáciles de llevar y estarán apetitosos cuando vayas a comerlos. Si vas a realizar un trayecto largo, prepara la vigilia un almuerzo o compra por el camino unos

bocadillos, sopa, fruta o ensalada de pasta. Si estás atrapada en un tren o en un avión donde hace calor, la deshidratación suele ser otro de los problemas importantes. Lleva agua y zumos, e intenta no beber té o café porque suelen ser diuréticos y puede que te sientas peor. Si vuelas, no ingieras nada de alcohol.

Si vas de vacaciones

Un poco de sol y de relajación siempre van bien, sobre todo si estás embarazada; pero si has de coger un avión, consulta a tu ginecólogo si es conveniente en tu estado. Cada aerolínea tiene sus propias directrices, pero la mayoría permiten que las embarazadas viajen hasta la semana 28 de gestación, y algunas hasta la semana 36; otras, para viajar después de la semana 36, solicitan una carta del médico; o sea, que es mejor que te informes antes.

A continuación tienes algunos consejos para que disfrutéis de la comida mientras viajas:
- Debes saber qué estás comiendo. Si estás en el extranjero y no sabes el idioma, es mejor que seas precavida antes que aventurarte a comer algo que no te beneficie.
- Sé cautelosa cuando compres en los puestos o en los mercados; y evita las frutas y las verduras que no estén lavadas, así como los refrigerios de carne que pueden estar poco cocinados.
- Aunque todas las noches te pegues una comilona, no te saltes el desayuno o el almuerzo. Tú y tu bebé necesitáis un aporte regular de energía; y además, si intentas visitar muchos lugares con el estomago vacío, te sentirás mal.
- Si se te antoja algún alimento con frecuencia, procura llevarlo encima; así le ahorrarás a tu pareja recorrerse las tiendas a horas intempestivas.
- Asegúrate de que bebes, además de otras bebidas, de seis a ocho vasos de agua diarios para estar hidratada. Infórmate sobre las condiciones del agua local, y si dudas, bebe agua embotellada. Recuerda que el agua con gas aumenta los ardores de estómago.

menús y recetas

de 0 a 8 semanas

Este plan de menús es ideal si quieres quedarte embarazada, ya que aumentará tu fertilidad y será la mayor aportación que puedas proporcionar a la salud de tu hijo. Y si ya estás embarazada, aportará los nutrientes que necesitáis tú y el bebé.

Si estás embarazada o estás pensando quedarte embarazada, es muy importante tomar suplementos de ácido fólico a diario (véase el recuadro en la siguiente página), así como ingerir una dieta sana.

Tu nuevo tipo de vida

Si acabas de saber que estás embarazada, seguro que se te pasarán muchas cosas por la cabeza; pero no debes preocuparte por el estilo de vida que has llevado y la dieta que has ingerido antes de la gestación. Esto es como Nochevieja: el día que sabes que estás embarazada es un buen momento para formular nuevos propósitos. Ahora puedes hacer muchas cosas para mejorar la dieta, para asegurarte de que puedes con los rigores del embarazo y para proporcionar al bebé los nutrientes y la energía que necesita. Si te preocupa en exceso la vida que has llevado antes de quedarte embarazada, habla con tu ginecólogo o con tu comadrona. Es importante recordar que si adquieres hábitos más saludables, os beneficiaréis tanto tú como tu hijo, y sobrellevarás mejor la maternidad.

Alimentos para ti

Muchas mujeres se preocupan por su figura en los meses venideros. En esta etapa del embarazo las necesidades

MENÚ

	Lunes	Martes	Miércoles
desayuno	· Ensalada de fruta · Yogur natural con miel · Bollo de frutas o tostada	· Cereales integrales con leche · Zumo de fruta · Plátano	· Panecillo con confitura · Queso fresco con trozos de orejones de albaricoque
comida	· *Crema de remolacha y cebolla roja asada* · Panecillo crujiente · Yogur de frutas	· *Ensalada de lentejas y arroz salvaje* · Crepe · Rodaja de melón	· Patata grande asada rellena de atún y de maíz dulce · *Ensalada de col oriental* · Crema de caramelo
cena	· *Guiso de alubias pintas y setas* · Arroz y brécol · *Pera escalfada con cardamomo y salsa de chocolate*	· *Roulade de queso tibio* · Panecillo crujiente · *Ensalada verde tibia* · Sorbete de limón	· *Pizza de champiñones, espárragos y rúcula* · *Porción de pastel de zanahoria con especias*

energéticas aumentan muy poco, de modo que guíate por tu apetito y controla la tentación de comer más de lo que necesitas. Hacer ejercicio de forma regular (nadar o caminar es ideal) y llevar una vida activa es recomendable para aquellas mujeres que tengan un embarazo sin complicaciones; además, os ayudará a mantener el tono muscular y el peso adecuado. No obstante, si tu embarazo es de riesgo porque has sufrido abortos u problemas de salud, el ejercicio enérgico está contraindicado; por tanto, es mejor que consultes a tu ginecólogo o a tu comadrona. Recuerda que cuidar tu cuerpo también significa dejar de fumar y no consumir otras drogas. Fumar durante el embarazo puede hacer que nazcan niños con bajo peso y complicaciones, aumentar el riesgo de abortos y afectar la salud del bebé a largo plazo.

centrémonos en... *los folatos y en el ácido fólico*

Los folatos (el ácido fólico es la versión sintética) se encuentran de forma natural en muchos alimentos; sin embargo, solo con una buena dieta no se reduce el riesgo de que el bebé desarrolle la espina bífida u otros defectos del tubo neural (que forma la médula espinal). Toma un suplemento de ácido fólico de 400 mcg diarios, desde que decides quedarte embarazada hasta la duodécima semana del embarazo, e ingiere alimentos ricos en folatos durante toda la gestación.

espárragos, aguacate, col, alubias pintas, coles de Bruselas, melón cantalupo, cereales de desayuno enriquecidos, naranjas, espinacas, pan y pasta integral

¿Te sientes cansada?

Si te sientes cansada durante el día:

◆ Comprueba cómo están tus reservas de hierro. La anemia suele ser una causa común de cansancio.

◆ Ingiere alimentos regularmente. El menú que aparece en este capítulo proporciona comidas sanas que te ayudarán a combatir el cansancio.

◆ Si necesitas un refrigerio, elije los que tienen un IG bajo (véase p. 10), porque proporcionan energía durante varias horas. Ingerir alimentos con IG bajo en las principales comidas te ayudará a sentirte saciada durante más tiempo, y reducirás los ataques de hambre entre comidas.

Jueves	Viernes	Sábado	Domingo	
• Huevo hervido con tostada integral • *Zumo de pera, manzana y uva*	• Muesli con trozos de dátiles y leche • Zumo de fruta	• *Batido de leche con fresas* • Cruasán	• Beicon con tomates y champiñones • Tostada integral • Zumo de fruta	**refrigerios y bebidas**
• Bocadillo de pollo y rúcula aliñado con limón • *Batido de melón y fresas*	• Ensalada de tomate con queso y pan • Mandarina o naranja • Yogur con miel	• *Crema de guisantes y menta* • Panecillo • *Galletas de piñones y jarabe de frutas* • Plátano	• *Lasaña de atún al hinojo* • *Ensalada de guisantes y aguacate* • Sorbete de limón	Bebe mucha agua, de seis a ocho vasos diarios, además de otras bebidas. Si te sientes cansada, no tomes bebidas con cafeína para despejarte porque deshidratan; en su lugar, bebe zumo de fruta o un vaso grande de agua fría o de leche semidescremada. Si te apetece picar algo, primero come una pieza de fruta, verduras o sopa; y si necesitas algo con más sustancia, véanse pp. 26-28.
• *Risotto al estragón con guisantes y espárragos* • Queso fresco • Galletas digestivas	• *Pavo con especias y puré de garbanzos* • *Ensalada verde mixta* • *Brownie de chocolate y nueces*	• *Cestitas de calabaza y garbanzos al estilo marroquí* • Cuscús • *Caricias de mango y fruta de la pasión*	• *Estofado de ternera* • Puré de patatas • Brécol • *Helado de lima y jengibre*	Déjate llevar por tu apetito, pero recuerda que en este período del embarazo no necesitas mucha más energía, a no ser que hayas empezado la gestación con bajo peso.

de 9 a 12 semanas

Durante estas semanas se está formando toda la estructura del bebé, y una buena nutrición ayudará a que se desarrolle. Este menú incluye recetas ricas en magnesio y vitamina A, dos componentes esenciales.

Alimentos para tu bebé

El magnesio es importante para el crecimiento del feto, ya que es necesario para el correcto crecimiento óseo. Un estudio reciente ha demostrado que hay relación entre la cantidad de magnesio ingerido durante el primer trimestre del embarazo y el peso, la talla y el perímetro craneal del bebé cuando nace; por tanto, este es otro motivo por el que has de ingerir alimentos ricos en magnesio.

La vitamina A es necesaria para el desarrollo del bebé, particularmente para asegurar el buen estado de la piel, del tracto gastrointestinal y de los pulmones. Durante los tres primeros meses de gestación, el niño crea sus propios depósitos de vitamina A; así que has de proporcionar un buen suministro ingiriendo boniato, patata, zanahorias, calabacín, espinacas y mango.

Alimentos para ti

El magnesio es esencial para el buen estado de todos los músculos, incluido el útero; además, ayuda a crear y a reparar los tejidos. Afortunadamente, este mineral se encuentra en gran cantidad en las hortalizas de hoja verde, los frutos secos, la soja, las semillas (sobre todo en la de calabaza, de melón y de girasol) y los cereales integrales; por tanto, intenta incluirlos en la dieta. La placenta ayuda a regular los niveles de magnesio, de modo que no te preocupes si consumes más cantidad de la necesaria; no obstante, un déficit de este nutriente al final de la gestación puede producir aborto. La vitamina A ayuda a mantener saludables la piel y el revestimiento de los órganos internos; por consiguiente, ingiere muchos productos lácteos bajos en grasa, como la leche, el yogur, el queso fresco y otros quesos, por su contenido en retinol.

MENÚ

	Lunes	Martes	Miércoles
desayuno	• Muesli con leche • Zumo de fruta • Tostada con pasta de untar de extracto de levadura (Marmite)	• Batido de plátano y almendra	• Cereales de desayuno de trigo integral con orejones de albaricoque y leche • Zumo de fruta
comida	• Sopa de espinacas y comino • Bocadillo de pollo y tomate • Mandarina	• Patatas asadas con piel rellenas de alubias en salsa de tomate y queso descremado rallado • Ensalada verde • Pera	• Cuscús con piñones y granada • Jamón en lonchas • Dados de mango y papaya frescos
cena	• Salmón con especias al estilo tai • Patatas nuevas • Ensalada verde • Sorbete de mango	• Pollo con mango y papaya • Guisantes • Arroz • Tarrina de yogur y frambuesa con crema tostada	• Atún a la lima con corteza de hierbas • Patatas nuevas • Brécol y maíz • Yogur de fruta descremado

¿Tienes náuseas y estás cansada?

En esta etapa del embarazo el cansancio suele ser el mayor problema, de modo que levantarse por la mañana para ir a trabajar o encargarse de la familia suele resultar casi imposible. Y si además tienes náuseas, lo último que puede apetecerte es desayunar. Sin embargo, es primordial para ti y para tu bebé que ingieras algo por la mañana.

Las náuseas, además de ser desagradables, pueden resultar un problema si todavía no has hecho público tu embarazo. Y aunque acostumbran a aparecer por la mañana, también es posible que las sientas a lo largo de la jornada.

A continuación, tienes algunos consejos que se ha comprobado que pueden ayudar:

◆ Ten en la mesita de noche galletas de crema o de té, e ingiere una o dos antes de levantarte.
◆ Cuanto tengas náuseas, toma una bebida que contenga jengibre, como el ginger ale, o una taza con agua caliente y una rodaja de jengibre fresco.
◆ Ingiere refrigerios suaves, como las tortitas de arroz o las normales.
◆ Si el olor de las comidas hace que te sientas peor, pide a tu pareja que cocine o, cuando te sientas bien, prepara más cantidad de la habitual y congélala.
◆ Si no puedes comer ni beber nada, te deshidratarás; de modo que pide consejo a tu ginecólogo o a tu comadrona. Te recomendarán vitamina B_6, pero no la tomes sin prescripción médica.

Si ahora que estás embarazada no desayunas o te resulta difícil comer, estas sugerencias te asegurarán algunos nutrientes por la mañana. Ni tú ni tu bebé podéis esperar hasta el almuerzo para comer.

continúa con tu vida...

Un desayuno energético

Ingiere algo suave: Haz o compra un batido fresco y ponlo en un termo para llevártelo al trabajo o para el trayecto. En las pp. 79-82 aparecen algunas recetas, pero casi todo sirve: usa leche semidescremada, una o dos cucharadas de yogur y diversas frutas, y bátelo todo.

Ingiere algo dulce: Compra envases pequeños de diversos tipos de cereales de desayuno, y llévate cada día uno al trabajo para acompañarlo con una o dos piezas de fruta.

Ingiere algo sabroso: Un bocadillo de un buen jamón o queso es ideal para desayunar, y no es un alimento exclusivo del almuerzo.

Jueves	Viernes	Sábado	Domingo	
• Dos huevos hervidos con tostada integral • Zumo de fruta o leche	• Cereales enriquecidos con trozos de pera deshidratada y leche • Zumo de fruta	• *Macedonia de frutas de invierno* y yogur griego • Panecillo crujiente caliente con confitura	• Napolitana de chocolate o panecillo • Zumo de fruta • Nectarina	**refrigerios y bebidas**
• Bocadillo de queso • Fuente grande de ensalada mixta • *Zumo de melón y naranja* • Un puñado de uvas	• Atún y alubias envueltas en remolacha al aliño de limón • Yogur natural con trozos de dátiles y plátano	• *Hojaldre con pimiento rojo y tomate* con ensalada verde y patatas hervidas • *Espuma de mango y lima*	• *Crema de hinojo y almendra* • Panecillo de semillas con queso • Pera • Vaso de leche	En este período del embarazo no necesitas mucha más energía, a no ser que hayas empezado la gestación con bajo peso. Si necesitas un refrigerio, come una fruta, palitos de verdura cruda con hummus, yogur o leche semidescremada. Si vomitas a diario, consulta a tu ginecólogo o a tu comadrona. Bebe mucha agua, de seis a ocho vasos diarios, además de otras bebidas.
• *Pastichio* • Guisantes y zanahorias • *Macedonia de frutas de invierno* con helado de vainilla descremado	• *Pechugas de pollo con jamón rellenas de espinacas* • *Risotto al estragón con guisantes y espárragos* • *Brochetas de piña y papaya*	• *Pastel cremoso de pescado* con guisantes y zanahorias • *Pudín de panettone y mantequilla*	• *Cordero asado con alubias* • Patatas nuevas • Calabacín y brécol • *Crema de mango y fruta de la pasión*	

de 13 a 16 semanas

En este período del embarazo a menudo las náuseas disminuyen y te sientes con más energía: empieza a saborear la comida y permítete el lujo de beber una copa de vino. Si has recuperado el apetito, disfruta alimentándote bien.

Alimentos para ti

Si te sientes enérgica, disfrútalo y, sin excederte, aprovecha para organizarte:

- ◆ Cocina algunas de las recetas que aparecen en este libro y congélalas, por si el cansancio aparece de nuevo.
- ◆ Compra algunas frutas y verduras que no hayas ingerido antes, y prueba recetas nuevas para ampliar la variedad de nutrientes. Abastécete de existencias, como envases de zumo de fruta, pasta y cereales.
- ◆ Prueba a hacer la compra del supermercado por internet: suele ser una manera excelente de no llevar peso y puedes ahorrar mucho tiempo cuando el bebé nazca.

MENÚ

	Lunes	Martes	Miércoles
desayuno	• Yogur con miel • Zumo de fruta • Bollo o tostada integral	• Copos de salvado con leche • Naranja o pomelo	• Muesli y yogur • Zumo de fruta
comida	• Bocadillo de salmón ahumado y ensalada • Un puñado de uvas • Barra de cereales • *Batido de leche con fresas*	• Ensalada de pollo • Pera • Yogur de fruta descremado • *Zumo de zanahoria, manzana y lima*	• *Crema de guisantes y menta* • Bocadillo de pan de pita de queso • Porción de *pastel de zanahoria con especias*
cena	• *Risotto con anacardos y calabacín* • *Ensalada verde tibia* • Sorbete de limón con coulis de grosella negra	• *Strudel de sardinas y limón* • Patatas nuevas y calabacín • *Macedonia de fresa, pera y fruta de la pasión*	• *Pastel cremoso de pescado* • Judías verdes y calabacín • *Pastel de arándanos y albaricoque*

¿Te apetece tomar una copa?

Aunque a la mayoría de las embarazadas no les apetece el alcohol durante las primeras semanas del embarazo (y a algunas durante todo el período), quizá te apetezca una copa de vino o estés de humor para celebrarlo. Se desconoce si los efectos del alcohol varían en las diversas etapas de gestación; por tanto, limita la ingesta a una copa de vino durante la comida, una o dos veces a la semana. Para más información, véase p. 21.

Alimentos para tu bebé

Una dieta variada es importante, ya que el bebé necesita diversos nutrientes para su desarrollo. En este período el feto ya está completamente formado y se asemeja a un bebé. Ahora algunos de los nutrientes más importantes son la vitamina D y los ácidos grasos omega 3 DHA y EPA, que son esenciales para el desarrollo cerebral y visual del niño. Las fuentes principales son el pescado y el marisco, por ello el menú de este capítulo los incluye en muchas recetas. El pescado también es una fuente excelente de yodo, como leerás a continuación; y si no

centrémonos en... *el yodo*

Sobre la semana 14, la glándula tiroidea del bebé empieza a funcionar y crea sus propias hormonas, y para su correcto funcionamiento necesita este mineral. Las fuentes que contienen más yodo son los productos del mar, como el pescado, el marisco y las algas marinas, así que cocina por lo menos dos veces a la semana algunos de estos alimentos:

abadejo, caballa, gambas, salmón, sardinas, algas marinas, trucha

ingieres pescado, el ginecólogo quizá te recomiende tomar un suplemento. Comer este alimento de forma regular proporciona muchos beneficios; véanse pp. 20-21 para consejos específicos sobre el atún y otros pescados.

Jueves	Viernes	Sábado	Domingo	
• Bollo con pasas • Chocolate caliente • *Macedonia de frutas de invierno*	• Cereales de avena con jarabe de frutas • Zumo de fruta	• Yogur con albaricoques • Batido de fruta	• Crepe o gofre con zumo de limón y azúcar de vainilla • Melocotón o pomelo grande	**refrigerios y bebidas** Bebe mucha agua, de seis a ocho vasos diarios, además de otras bebidas.
• *Paté de trucha y ricotta* • Pan de pita y verduras crudas • Crepe • Naranja o melocotón	• *Ensalada de gambas y guisantes con pomelo rojo* • Panecillo • Crema de caramelo	• *Crema de remolacha y cebolla roja asada* • Bocadillo de queso y tomate • *Cookie de avena y arándanos*	• *Macedonia de peras y nueces* • Jamón en lonchas • Rebanadas de pan de tres semillas	Si te sientes cansada, no tomes bebidas con cafeína para despejarte porque deshidratan; en su lugar, bebe zumo de fruta o un vaso grande de agua fría o de leche semidescremada. Si te apetece picar algo, primero come una pieza de fruta, verduras o sopa; y si necesitas algo con más sustancia, véanse pp. 26-28.
• *Cordero asado al estilo libanés* • Patatas nuevas y brécol • Helado con coulis de fruta	• *Pollo mexicano en salsa de chocolate* • Tortillas de trigo, avena o maíz • Ensalada verde • Melocotón o manzana	• *Bacalao con almendras en papillote* • Patatas nuevas, coliflor y zanahorias • *Arroz con leche con limón y azafrán*	• *Estofado de ternera* • Patata y manzana cremosa al horno • Judías verdes • *Pudín de panettone y mantequilla*	Déjate llevar por tu apetito, pero recuerda que en este período del embarazo no necesitas mucha más energía, a no ser que hayas empezado la gestación con bajo peso.

de 17 a 20 semanas

Al entrar en el segundo trimestre, puede que te sientas menos cansada y más rebosante de salud. El bebé empieza a moverse y necesita un buen abastecimiento de vitamina D y de calcio para la formación ósea.

Este es un buen momento para hacer unas vacaciones; puesto que, con un poco de suerte, te sentirás bien y tus hormonas se habrán calmado. Unas vacaciones pueden ser una buena oportunidad para hacer algo de ejercicio, recuperar el sueño perdido y comer bien. En este período hay menos riesgo de tener un aborto, y viajar en avión es seguro (véase p. 37). ¡Además, la vitamina D que te pueden proporcionar unos días al sol resulta beneficiosa para el esqueleto de tu hijo!

Alimentos para tu bebé

El niño necesita un buen suministro de vitamina D y de calcio para tener unos dientes y unos huesos sanos. El pescado es la principal fuente de vitamina D, y este menú contiene ideas para ingerirlo de diversas formas a lo largo de la semana. Si no puedes comer pescado, los huevos también aportan esta vitamina. Asimismo, se recomienda que tomes un suplemento de 10 mcg de vitamina D al día.

La exposición al sol también genera vitamina D, pero se ha de tomar con moderación debido al riesgo de cáncer de piel. Media hora al día es suficiente para obtener la cantidad necesaria, de modo que no te excedas.

Cuando tomes el sol, es muy importante que cuides la piel con protección solar, ya que la vitamina se obtiene igualmente.

MENÚ

	Lunes	Martes	Miércoles
desayuno	• Copos de salvado • Hojaldre relleno de naranja y pomelo • *Batido de frambuesa y yogur*	• Cereales de avena con jarabe de frutas • Zumo de naranja	• Huevos hervidos • Tostada integral • Medio pomelo
almuerzo	• Patata al horno rellena de *salsa de alubias cannellini y lima* • Ensalada verde • Nectarina	• *Paté de pimientos rojos asados* • Pan de semillas • Yogur de vainilla con trozos de pera deshidratada	• Bocadillo vegetal de hummus • Rebanada de *pan de plátano y nuez de Brasil* • Zumo de fruta
cena	• Pizza de champiñones, espárragos y rúcula • Ensalada de col oriental • *Macedonia de frutas de invierno*	• *Brochetas de pescado con salsa de coco* • Arroz, guisantes y maíz dulce • Crema de caramelo con kiwi	• *Verduras asadas con tofu* • Panecillo • *Espuma de mango y lima*

centrémonos en... *el calcio*

El calcio es primordial para tu estructura dental y ósea, y la de tu hijo; además, puede reducir el riesgo de preeclampsia. Para disminuir la ingesta de grasas, elige las versiones descremadas de productos lácteos, así como otras fuentes.

almendras, orejones de albaricoques, alubias con salsa de tomate, queso, garbanzos, pescado (con espinas), queso fresco, leche (incluida la leche enriquecida con soja), tahini, tofu, espinacas y yogur

Alimentos para ti

El calcio es importante para la transmisión nerviosa, las contracciones musculares, y una buena estructura dental y ósea. Como debes proporcionar calcio al esqueleto del bebé, asegúrate de que ingieres alimentos ricos en calcio, particularmente productos lácteos, productos enriquecidos con soja y pescado en lata con espinas.

En el Reino Unido no se recomienda tomar más calcio de lo habitual, porque durante este período el organismo lo absorbe con más eficacia de los alimentos; pero sí es importante ingerir muchos alimentos ricos en calcio.

El calcio y la preeclampsia

Si ingieres alimentos ricos en calcio también puedes reducir el riesgo de preeclampsia (presión arterial alta) producida por el embarazo. Esta puede ser una de las complicaciones durante la gestación y suele aparecer en este período. Los controles prenatales incluyen la toma de presión arterial precisamente para poder hacer un seguimiento.

Un estudio de prestigio sobre los suplementos de calcio muestran que ingerirlos reduce a la mitad el riesgo de preeclampsia. El estudio se realizó en mujeres que habían ingerido un gramo de calcio diario; y, aunque no se reducía el riesgo de partos prematuros, la preeclampsia disminuía considerablemente en las mujeres de riesgo.

Jueves	Viernes	Sábado	Domingo	
• *Macedonia de frutas de invierno* con yogur griego • *Batido de granada y frambuesa*	• Muesli con leche • Zumo de fruta • Tostada con mermelada	• Beicon con champiñones y tomates cherry • Panecillo con confitura	*Desayuno/almuerzo* • *Kedgeree con caballa ahumada* • Pan tostado • Tabla de quesos • *Macedonia de fresa, pera y fruta de la pasión*	**refrigerios y bebidas** Si necesitas un refrigerio, ingiere fruta, leche o zumo de fruta, y si no te ha saciado, come uno de los refrigerios que aparecen en la p. 35.
• *Crema de setas y nueces* • Mango o naranja • *Brownie de chocolate y nueces*	• *Strudel de sardinas y limón* • Ensalada verde • Fresas o mandarinas	• *Pastel de espinacas y ricota* • *Macedonia de fresa, pera y fruta de la pasión*		Para complementar la ingesta de calcio, toma queso cheddar descremado, orejones de albaricoque, higos y almendras.
• *Setas rellenas de queso y nueces* • *Salteado de brécol, maíz y pimientos*	• *Pastichio* • Ensalada de aguacate, pepino y granada • Pera escalfada con cardamomo y crema inglesa	• *Salmón con corteza al estragón* • Arroz • *Pisto* • Postre de albaricoque y merengue	• *Brochetas de cerdo con albahaca y limón* • *Ensalada verde tibia* • *Arroz con leche con limón y azafrán*	Si tienes hambre antes de ir a la cama, toma leche o manzanilla. Bebe mucha agua, de seis a ocho vasos diarios, además de otras bebidas.

de 21 a 24 semanas

Ahora se notará que estás embarazada, y puedes tener la tentación de comer por dos. Tu organismo absorbe los nutrientes de los alimentos con más efectividad, de modo que no necesitas ingerir mucho más de lo habitual. Sin embargo, sí que necesitas comer una dieta variada y sana.

En este período es difícil que te guste tu figura e incluso puedes sentir que nunca vas a recuperar la silueta anterior. Por mucho que te sientas tentada a comer más de la cuenta, puede ser difícil perder los kilos que ganes innecesariamente. Ingerir sensatamente te contendrá el hambre, os proporcionará a ti y a tu hijo los nutrientes necesarios y te ayudará a controlar el peso.

Alimentos para ti

Cuando sientas la tentación de engullir un paquete de galletas, recurre en su lugar a un bol de fruta. Una manzana o una pera liberan los azúcares al torrente sanguíneo mucho más despacio, lo que ayuda a prevenir los altibajos que produce la ingesta de alimentos de combustión rápida. Pero si en realidad lo que te apetece son las galletas,

primero come algo de fruta y luego una o dos galletas. De este modo, habrás conseguido calmar el antojo de las galletas, tendrás energía durante más tiempo, y habrás ingerido algunas vitaminas y menos calorías vacías.

Facilítate el día a día y ten en casa frutas, verduras, pan, frutos secos y semillas, y llévatelos al trabajo.

Obtén los mejores beneficios de los alimentos

Comer una dieta variada no es suficiente. Por ejemplo, beber té o café durante las comidas suele reducir la cantidad de hierro que tu organismo puede obtener de la comida que ingieres; es decir, estas bebidas contienen polifenoles que interfieren en la absorción de este mineral. Si deseas beber té o café, debes dejar pasar por lo menos treinta minutos después de la última ingesta.

MENÚ

	Lunes	Martes	Miércoles
desayuno	• Yogur con trozos de fruta deshidratada • Panecillo integral con confitura	• Muesli con leche y trozos de dátiles • *Zumo de zanahoria, manzana y lima*	• Dos huevos hervidos • Pan de pita • Nectarina
almuerzo	• Bocadillo de jamón con hojas de lechuga • *Cookie de avena y arándanos* • Manzana o pera	• *Ensalada de lentejas y arroz salvaje con dados de queso feta* • Plátano • Barra de cereales	• Espagueti a la boloñesa • Ensalada verde • Yogur helado con coulis de frambuesa
cena	• Guiso de alubias pintas y setas • *Risotto al estragón con guisantes y espárragos* • Crema de caramelo	• Cordero asado con alubias • Patatas • Espinacas • *Espuma de fresas y granada*	• *Risotto con guisantes y espárragos* • Tomates cherry • Yogur con trozos de kiwi • *Galletas de piñones y jarabe de frutas*

Por otro lado, comer muchos alimentos integrales (arroz, pasta o pan) es saludable para la mayoría de las personas; pero si se comen en exceso, pueden inhibir la absorción del calcio, del hierro y del cinc. Algunas verduras, como las espinacas, contienen estos minerales, pero también están vinculadas a los fitatos.

¿Necesitas, en realidad, un suplemento de hierro?

Aunque algunos médicos suelen recomendar suplementos de hierro a todas las embarazadas, no significa que todas lo necesiten; además, este mineral suele producir estreñimiento. Si tu médico cree que tienes anemia, consúltale si ha tenido en cuenta los niveles de ferritina en el plasma, que permiten observar cómo están las reservas y son más fiables que los niveles de hemoglobina.

Si decides no tomar un suplemento de hierro o no lo necesitas, es importante que ingieras alimentos ricos en hierro, como carne roja magra, aves, cereales de desayuno enriquecidos, y sardinas y boquerones en lata.

Alimentos para tu bebé

Durante este período el bebé empieza a desarrollar el sistema inmunitario y el tejido graso; por tanto, es importante proporcionarle una dieta equilibrada. El siguiente menú contiene una extensa variedad de alimentos, muchos de ellos ricos en hierro, imprescindible en esta etapa del embarazo.

Una dieta vegetariana puede proporcionar hierro y otros minerales y vitaminas. Y aunque comas carne, introduce en tu dieta recetas vegetarianas (véanse pp. 84-90).

continúa con tu vida...

estilo vegetariano

Ingiere legumbres porque, además de proporcionarte energía y fibra, contienen hierro; de hecho, deberían tomarse de forma regular. ¿Por qué no pruebas las cestitas de garbanzos y calabaza al estilo marroquí (véase p. 69) y la ensalada de lentejas y arroz salvaje (véase p. 84)?

Saca el máximo beneficio a tu ingesta: Si bebes durante las comidas un zumo de naranja, de tomate u otro alimento rico en vitamina C, favorecerás la absorción de hierro.

Aumenta la ingesta de calcio: Si no ingieres productos lácteos a diario, quizá necesites tomar un suplemento de calcio y comer alimentos enriquecidos, como el pan blanco y productos enriquecidos con soja.

Jueves	Viernes	Sábado	Domingo
• *Macedonia de fruta de invierno* con yogur • Bollo de frutas	• *Batido de plátano y almendra* • Bocadillo de pan de pita con jamón	• Napolitana de chocolate • Hojaldre relleno de naranja y pomelo	• Cereales integrales con pasas de Esmirna y leche • *Zumo de zanahoria, manzana y lima*
• *Crema especiada al estilo marroquí* • Pan de pita • Manzana • Leche	• *Ensalada de semillas de calabaza y trigo bulgur* • Rebanada de *pan de plátano y nuez de Brasil* • Melocotón o ciruela	• *Pizza de salmón y alcaparras con nata líquida* • *Ensalada de zanahoria y remolacha*	• *Strudel de sardinas y limón* • *Ensalada de berros y papaya* • Zumo de papaya y lima
• *Ensalada de peras y nueces* • Macarrones con salmón y espárragos • Natillas con grosellas	• *Estofado de ternera a la cerveza negra* • Puré de patatas • Guisantes • Mango o melón	• *Pollo con tomates cherry* • Guisantes • Patatas hervidas • *Helado de lima y jengibre*	• *Estofado de ternera* • Patatas al horno • Brécol y zanahorias • *Tarta de frutas y mascarpone*

refrigerios y bebidas

Has de guiarte por tu apetito, pero en esta etapa del embarazo debes aumentar un poco la energía. Si necesitas un refrigerio, ingiere uno que sea nutritivo. A continuación, tienes algunas sugerencias:

Cereales de desayuno enriquecidos con leche

Pan de pita relleno de brotes de soja y de pechuga de pollo a la plancha

Alubias con salsa de tomate y tostadas

Yogur de fruta o natural mezclado con trozos de plátano, pera, ciruelas u orejones de albaricoque.

Bebe mucha agua, de seis a ocho vasos diarios, además de otras bebidas.

de 25 a 28 semanas

Durante el segundo trimestre se producen altibajos. Por un lado, un aumento hormonal hace que muchas mujeres os sintáis más atractivas sexualmente; y, por otro, el bebé va creciendo y suele aplastar el estómago y provocar ardor. ¡Y además, podéis tener estreñimiento!

Alimentos para ti y para tu bebé

Puede no ser una coincidencia que muchos de los alimentos asociados tradicionalmente con el sexo tengan un alto contenido en nutrientes necesarios para la formación del feto. Las ostras contienen mucho cinc, y los espárragos son una fuente importante de folatos. El menú del sábado debería inspirar pasión y aportar los nutrientes necesarios.

Contrarresta los problemas

Durante el embarazo el índice metabólico basal aumenta un 20 por ciento; es decir, incluso mientras descansas, tu cuerpo siente más calor del habitual. Si este es tu caso, deberías beber más agua para reemplazar los fluidos adicionales que pierdes en la transpiración.

MENÚ

	Lunes	Martes	Miércoles
desayuno	• Cereales integrales con leche • Medio pomelo • Panecillo con confitura	• *Macedonia con yogur* • Zumo de frutas • Tostada con pasta de untar de extracto de levadura (Marmite)	• Bollo de frutas con mantequilla • Yogur de frutas • *Zumo de zanahoria, manzana y lima*
almuerzo	• *Quinoa con hierbas y alubias* • *Batido de leche con fresas*	• *Paté de pimientos rojos asados* • Galletas saladas • Ensalada grande • Natillas con fruta	• Tomates secos cubiertos de mayonesa • Ciruelas o uvas • Batido de fruta
cena	• *Pizza de salmón con alcaparras y nata líquida* • *Ensalada de zanahoria y remolacha*	• *Paella* • Manzana cocida y natillas	• *Sopa de espinacas y comino* • Ensalada de tomate • *Helado de lima y jengibre*

El estreñimiento, los ardores de estómago y la indigestión son síntomas habituales de esta etapa gestacional.

Prevenir el estreñimiento

Es más agradable prevenir el problema que tener que solucionarlo, de modo que bebe mucha agua y aumenta la ingesta de fibra. Hacer ejercicio también te ayudará; prueba con el yoga (a menudo se imparten clases específicas para embarazadas), la natación o las caminatas.

Aliviar los ardores de estómago

La alta concentración de progesterona en la sangre no permite el vaciamiento rápido del estómago, y la comida que ya se había mezclado con los ácidos gástricos sube hacia el esófago originando ese ardor tan característico.

Para reducir los efectos del ardor de estómago:

- Ingiere poca cantidad de comida y con frecuencia.
- Elige alimentos que no sean demasiado grasos o picantes, ni fritos.
- Evita las bebidas con gas.
- Lleva ropas holgadas.
- Evita tumbarte después de una comida; es preferible dar un paseo.

centrémonos en... *la fibra*

La fibra es esencial para un sistema digestivo saludable y para prevenir el estreñimiento. También ayuda a mantener constantes los niveles de azúcar en la sangre. Hay dos tipos de fibra: la soluble, que favorece que te sientas saciada durante más tiempo y mantiene la liberación precisa de azúcares en la sangre y la insoluble, que ayuda a combatir el estreñimiento favoreciendo el tránsito del bolo fecal por el intestino. Recuerda que ambas son necesarias en la dieta.

principales fuentes de fibra soluble: manzanas, legumbres, avena, peras y pan de centeno
principales fuentes de fibra insoluble: alubias, frutas, hortalizas de hoja verde, lentejas y cereales integrales

Jueves	Viernes	Sábado	Domingo	
• Pan tostado con queso • Pera o melocotón • *Zumo de zanahoria, manzana y lima*	• Cereales integrales con trozos de orejones de albaricoque y leche • Zumo de fruta	¿Por qué no descansas, te levantas tarde y tomas esta deliciosa comida? • *Batido de melón y fresas* • Higos frescos con yogur y miel • Huevos escalfados • Panecillo crujiente	• Cruasán • Trozos de pomelo y melón • Yogur con miel	**refrigerios y bebidas** Si tienes hambre, ingiere un refrigerio saludable y nutritivo; véase p. 35.
• Ensalada de jamón, pasta y trozos de pimiento • *Galletas de piñones y jarabe de frutas*	• *Paté de trucha y ricotta con pan de pita* • Fresas o naranja		• *Jalousie de pimiento rojo y tomate* • *Ensalada de guisantes y aguacate con aderezo de albahaca* • Fresas	Si te sientes saciada por la noche, toma un vaso de leche, un bol de cereales o un yogur descremado. Las nueces de Brasil son un refrigerio ideal, ya que una sola contiene unos 75 mcg de selenio, que es suficiente para cubrir las
• *Atún a la lima con corteza de hierbas* • Patatas nuevas, judías verdes y coliflor • *Ensalada de fresa, pera y fruta de la pasión*	• *Verduras cremosas al curry* • Arroz • Mango con helado de vainilla	• *Pollo cremoso con espárragos* • Brécol • Patatas nuevas • *Peras escalfadas con cardamomo y salsa de chocolate*	• *Lomos de cerdo rellenos de arándanos y manzanas* • Patatas, zanahorias y judías verdes • *Roulade de lima y fruta de la pasión*	necesidades diarias. ¿Por qué no guardas una bolsa en el trabajo? Bebe mucha agua, de seis a ocho vasos diarios, además de otras bebidas.

de 29 a 32 semanas

El bebé está creciendo rápido y has de proporcionarle la energía, las grasas, las vitaminas y los minerales que necesita. También estará muy activo, así que puede romperte el sueño; a continuación, aportamos algunas estrategias que pueden ayudarte.

Alimentos para ti y para tu bebé

Si empiezas a despertarte por las noches y vuelves a estar cansada, lo último que te va a apetecer es cocinar. Este es el momento de preparar platos rápidos y sencillos. Utiliza el siguiente menú para cubrir las necesidades de ingesta y nutricionales con comidas sencillas, y sin que te suponga un fastidio.

No olvides que el cansancio está asociado a la anemia; por tanto, ingiere platos ricos en hierro. Aunque en los guisos se ha de invertir más tiempo, puedes prepararlos con antelación y congelarlos, o conservarlos en la nevera en un recipiente hermético durante un par de días. Prueba el sencillo goulash de ternera (véase p. 105) o el estofado de ternera a la cerveza negra (véase p. 106). A diferencia de la vitamina C, el hierro no se destruye aunque esté expuesto al aire.

En el último trimestre, como el bebé crece muy rápido, quizá empieces a padecer ardores de estómago u otro tipo de problemas digestivos. Deberías ingerir porciones pequeñas o hacer cinco comidas diarias, así como evitar los fritos. La idea de que el bebé está creciendo perfectamente y nacerá con buen peso, aunque tú no te encuentres bien, tranquiliza. Si el bebé nace con bajo peso, estará más predispuesto a padecer enfermedades durante los primeros años de vida y en un futuro.

El problema del sueño

En este período el bebé se mueve mucho y disfruta moviendo las manos y los pies; y posiblemente su horario no irá acorde al tuyo, lo que significa que no descansarás por las noches. Además, como ocupa más espacio en el

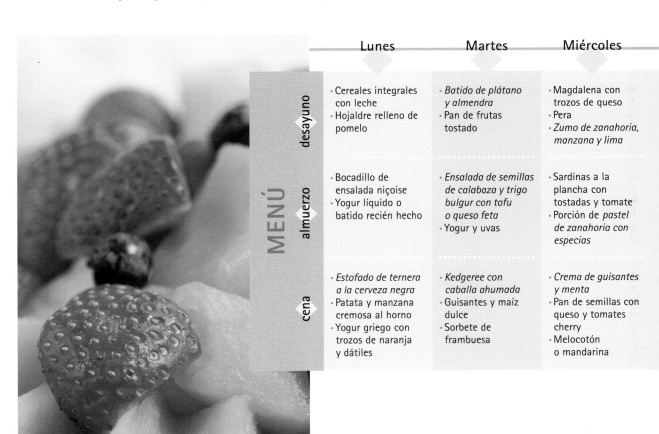

MENÚ		Lunes	Martes	Miércoles
	desayuno	• Cereales integrales con leche • Hojaldre relleno de pomelo	• *Batido de plátano y almendra* • Pan de frutas tostado	• Magdalena con trozos de queso • Pera • *Zumo de zanahoria, manzana y lima*
	almuerzo	• Bocadillo de ensalada niçoise • Yogur líquido o batido recién hecho	• *Ensalada de semillas de calabaza y trigo bulgur con tofu o queso feta* • Yogur y uvas	• Sardinas a la plancha con tostadas y tomate • Porción de *pastel de zanahoria con especias*
	cena	• *Estofado de ternera a la cerveza negra* • Patata y manzana cremosa al horno • Yogur griego con trozos de naranja y dátiles	• *Kedgeree con caballa ahumada* • Guisantes y maíz dulce • Sorbete de frambuesa	• *Crema de guisantes y menta* • Pan de semillas con queso y tomates cherry • Melocotón o mandarina

La comida y la bebida pueden ser una ayuda si te cuesta dormir. Solo con seguir unos pocos consejos, puedes llegar a reducir el número de veces que tengas que levantarte de noche, y así descansar.

continúa con tu vida...

estrategias para dormir

Relájate con una bebida: Si te cuesta coger el sueño, bebe manzanilla o leche caliente antes de ir a dormir.

Evita comer dulces por la noche: Para cenar ingiere alimentos ricos en carbohidratos, como el pan, la pasta, el arroz y las patatas o los cereales de desayuno, que son alimentos que favorecen el sueño.

Debes estar preparada: Para no tener que levantarte, ten un vaso de agua en la mesita de noche. Si sueles despertarte porque tienes hambre, ten preparado un termo con leche caliente y bebe una taza para quedarte dormida de nuevo. El flujo salival disminuye por la noche; por tanto, no debes ni comer ni beber nada dulce, a no ser que te cepilles los dientes.

útero presionará la vejiga, y necesitarás ir al baño cada dos horas. No obstante, no intentes beber menos agua para no tener la necesidad de ir al baño por la noche, porque necesitas muchos líquidos. A continuación, exponemos algunas estrategias.

Buen desarrollo cerebral del bebé

Los ácidos grasos insaturados son necesarios durante todas las etapas de la vida; sin embargo, algunos son particularmente importantes durante el embarazo. Los ácidos grasos omega 3, DHA y EPA, contribuyen al desarrollo visual, cerebral, y del sistema sanguíneo y nervioso del bebé; por tanto, es necesario ingerirlos principalmente durante el último trimestre, cuando el cerebro se desarrolla más rápido. Los niños prematuros o los que nacen con bajo peso, al perderse esta fase tan importante, se les proporciona una dieta rica en ácidos grasos omega 3. Por eso en las unidades neonatales suelen aconsejar la lactancia materna o un suplemento infantil. Intenta introducir los siguientes alimentos de modo regular en tu dieta:

- Pescado azul, como el salmón, la caballa o el arenque.
- Frutos secos y semillas, como las de girasol o las de almendra.
- Hortalizas de hoja verde.
- Aceites o margarinas que provienen de las semillas de girasol o de linaza.

Jueves	Viernes	Sábado	Domingo
• Muesli con trozos de dátiles y yogur • Zumo de fruta	• Huevos revueltos con cebollino en una tostada integral • Zumo de naranja	• *Zumo de pera, manzana y uva* • Bocadillo caliente con confitura o queso	• Gachas de cereales • Naranja o melocotón • *Zumo de zanahoria, manzana y lima*
• Crema de hinojo y almendra • Panecillo • Pera • *Galletas de piñones y jarabe de frutas*	• Bocadillo de rosbif con ensalada • Queso fresco con trozos de plátano	• *Cuscús con piñones y granada* • Jamón en lonchas y canónigos	• *Gratinado de brécol, puerro e hinojo* • Rebanada de *pan de plátano y nuez de Brasil*
• Macarrones con salmón y espárragos • Ensalada verde • *Espuma de fresas y granada*	• *Caballa cubierta de avena con salsa de frambuesa* • Patatas nuevas, zanahorias y brécol • Helado con coulis de chocolate	• *Pizza de salmón y alcaparras con nata líquida* • *Ensalada verde tibia* • Pera escalfada con cardamomo	• *Pollo guisado con ciruelas y piñones* • Patatas nuevas, col rizada o verduras de primavera • *Tarta de frutas y mascarpone*

refrigerios y bebidas

Aunque vayas al baño con más frecuencia, debes continuar bebiendo de seis a ocho vasos de agua diarios.

Durante este período tus necesidades energéticas empiezan a aumentar; de modo que si lo necesitas, puedes picar algo entre comidas.

Si padeces indigestión o ardor de estómago, ingiere cantidades pequeñas y a menudo, extendiendo las sugerencias de las comidas a lo largo del día.

53

Como las necesidades energéticas están aumentando, no olvides ingerir muchas frutas y verduras frescas, imprescindibles para tu bienestar y el de tu hijo. Este es el momento de abastecer el congelador para afrontar las semanas posteriores al parto.

Planificación

Como quedan pocas semanas para la llegada del bebé, es conveniente que congeles algunos platos. Cuando te estés recuperando del parto y adaptando a la nueva vida, no te va a apetecer cocinar. Incluso si tu pareja es un excelente cocinero, él también querrá disfrutar de este momento, así que cocina algunas recetas que os gusten a los dos y congélalas. En caso de que tu pareja se ofrezca para cocinar, coméntale que duplique la cantidad para, de este modo, poder congelar. Muchas de las recetas que aparecen en este libro se pueden congelar. A continuación, tienes una selección de platos para preparar y congelar, que te aportarán los nutrientes que necesitas durante los primeros días después del parto:

- ◆ Crema de hinojo y almendra
- ◆ Crema de guisantes y menta
- ◆ Pastel cremoso de pescado
- ◆ Pollo guisado con ciruelas y piñones
- ◆ Goulash de ternera
- ◆ Pastel de espinacas y ricotta

MENÚ

		Lunes	Martes	Miércoles
desayuno		· Tostada con queso · Hojaldre relleno de pomelo · *Batido de leche con fresas*	· Copos de salvado con pasas de Esmirna y leche · Zumo de naranja	· *Batido de melón y fresas* · Cruasán con mermelada de albaricoque · Plátano
almuerzo		· Bocadillo de pollo y gelatina de grosella roja · Yogur de melocotón con orejones de albaricoque	· *Crema de guisantes y menta* · Pan de cereales y queso · Uvas	· Bocadillo de brotes de soja y mantequilla de anacardo · Rebanada de *pan de plátano y nuez de Brasil*
cena		· *Gratinado de brécol, puerro e hinojo* · Tostada · Manzana cocida con helado	· *Linguine al romero con jamón ahumado y aguacate* · Ensalada verde · *Brownie de chocolate y nueces*	· *Cordero asado al estilo libanés* · Pisto · Cuscús · Gajos de naranja con trozos de dátiles

menús y recetas

Cuida tus dientes

Es fácil desatender el cuidado dental con todos los cambios que se avecinan. Muchas mujeres observan que las encías les sangran con más facilidad, y se debe a los cambios hormonales y al aumento de presión sanguínea. De modo que has de cepillarte los dientes y limpiarlos con seda dental regularmente; además, has de visitar al dentista por lo menos una vez durante el embarazo. Coméntale que estás embarazada, para evitar radiografías innecesarias.

Las pautas alimenticias también afectan a los dientes, así que si haces más ingestas diarias (y quizá un refrigerio por la noche), deberás cepillarte los dientes más a menudo. Las bacterias de la boca fermentan los almidones y los azúcares de los alimentos en ácidos, y estos dañan la dentadura; el modo de reducir esta actividad bacteriana es cepillarte los dientes regularmente, sobre todo después de comer. Recuerda que por la noche la cantidad de saliva disminuye; por tanto, si ingieres algún refrigerio, ha de ser sin azúcar o sin almidones, a menos que te cepilles los dientes.

Alimentos para tu bebé

El niño ahora está totalmente desarrollado y está aumentando los depósitos, para estar preparado para el mundo exterior. Has de continuar alimentándote bien, aunque solo ingieras pequeñas porciones. Una dieta variada y rica en frutas y verduras favorecerá un mejor desarrollo del sistema inmunitario del bebé.

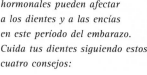

Los cambios alimentarios y hormonales pueden afectar a los dientes y a las encías en este período del embarazo. Cuida tus dientes siguiendo estos cuatro consejos:

continúa con tu vida...

cuida tus dientes

Cepíllate los dientes regularmente: Después de ingerir algún refrigerio dulce, cepíllate los dientes.

Come algo de queso: Contiene calcio y es un estimulador salival, de modo que ingiere unos trocitos de queso cheddar descremado o de queso edam porque son beneficiosos para tu salud bucal.

Opta por los refrigerios sin azúcar: Come trozos de verduras crudas y salsas de verduras, ya que no dañan la dentadura.

Ingiere mucha vitamina C: Además de ser importante por otros motivos, favorece el buen estado bucal. Un bol de fresas, una porción de brécol al vapor o una nectarina te proporcionarán las necesidades diarias.

Jueves	Viernes	Sábado	Domingo
• Cereales de avena con orejones de albaricoque y leche • Tostada con confitura • Zumo de fruta	• Huevo hervido con tostada con pasta de untar de extracto de levadura (Marmite) • Hojaldre relleno de naranja	• Beicon con champiñones y tomates • Panecillo • Zumo de fruta	• Gachas de cereales con yogur griego • *Macedonia de frutas de invierno*
• Bocadillo de queso y lechuga • Dados de piña y melón • *Cookie de avena y arándanos*	• Patata al horno rellena de *hummus con tomates secos* • Ciruelas • Barrita de cereales	• *Crema especiada al estilo marroquí* • Queso y galletas saladas • Fruta	• *Strudel de sardinas y limón* • *Ensalada de guisantes y aguacate con aderezo de albahaca*
• *Risotto con chorizo y setas* • Brécol y zanahorias • *Pera escalfada con cardamomo y con salsa de chocolate*	• *Pizza de pollo y jengibre* • Ensalada de rúcula y mizuna • Pera	• *Brocheta de pescado con salsa de coco* • Arroz y guisantes • *Ensalada verde tibia* • Sorbete de mango con trozos de mango	• *Bacalao con almendras en papillote* • Brécol y coliflor • *Arroz con leche con limón y azafrán*

refrigerios y bebidas

Durante este período tus necesidades energéticas empiezan a aumentar, de modo que puedes necesitar picar algo entre comidas; véase p. 35.

Si padeces indigestión o ardor de estómago, ingiere cantidades pequeñas y a menudo.

Si tienes hambre a la hora de acostarte, bebe leche caliente o come un bol de cereales de desayuno.

Para poder dormir bien por la noche, reduce la ingesta de bebidas con cafeína.

de 37 a 40 semanas

Estas últimas semanas pueden hacerse muy largas mientras esperas la llegada de tu hijo. Este gana peso día a día, lo que aumenta tu necesidad de energía y nutrientes. Es el momento de pensar en qué refrigerios necesitarás en el hospital.

Alimentación para ti

Si es tu primer embarazo, has de saber que la cabeza del bebé se está colocando y te permitirá liberar algo de presión en el estómago y en los órganos internos. Hasta que esto suceda, quizá lo que te apetezca sean comidas ligeras y refrigerios.

Muchas mujeres observan que durante este período el sistema digestivo se enlentece y tienen estreñimiento. Esto se debe a un conjunto de factores: a la presión que ejerce el bebé en los intestinos, a los cambios hormonales que se producen y a la vida sedentaria que se lleva.

Prevenir es mejor que poner remedio, de modo que si empiezas a sentir malestar, debes aumentar la ingesta de agua y de fibra. Como el bebé ejerce presión en la vejiga, beber más quizá no sea de tu agrado; pero es necesario, ya que la fibra solo realiza su acción de arrastre si puede absorber líquido del intestino. El té y el café no son convenientes porque son astringentes.

Alimentos para tu bebé

En este período los nervios del bebé empiezan a desarrollar una vaina de mielina protectora, proceso que continúa después del nacimiento y que depende de la vitamina B_{12}, que se encuentra principalmente en los

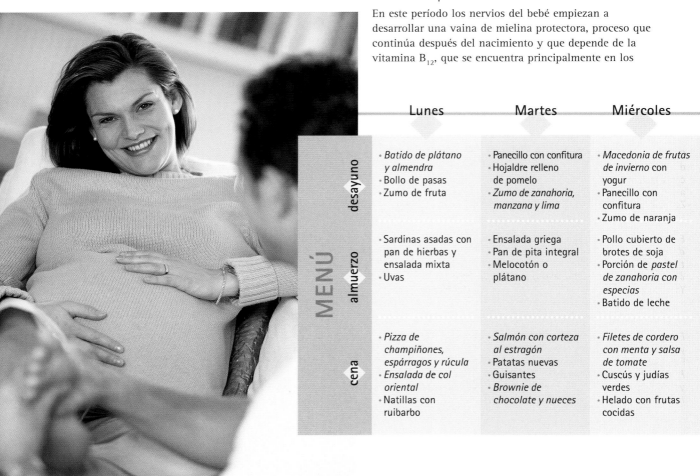

MENÚ		Lunes	Martes	Miércoles
	desayuno	· *Batido de plátano y almendra* · Bollo de pasas · Zumo de fruta	· Panecillo con confitura · Hojaldre relleno de pomelo · *Zumo de zanahoria, manzana y lima*	· *Macedonia de frutas de invierno con yogur* · Panecillo con confitura · Zumo de naranja
	almuerzo	· Sardinas asadas con pan de hierbas y ensalada mixta · Uvas	· Ensalada griega · Pan de pita integral · Melocotón o plátano	· Pollo cubierto de brotes de soja · Porción de *pastel de zanahoria con especias* · Batido de leche
	cena	· Pizza de champiñones, espárragos y rúcula · Ensalada de col oriental · Natillas con ruibarbo	· *Salmón con corteza al estragón* · Patatas nuevas · Guisantes · *Brownie de chocolate y nueces*	· *Filetes de cordero con menta y salsa de tomate* · Cuscús y judías verdes · Helado con frutas cocidas

productos de origen animal. Asegúrate de que ingieres regularmente carne roja magra o aves, y de que comes muchos productos lácteos descremados. Si eres vegetariana, has de obtener la vitamina B$_{12}$ de suplementos vitamínicos y de cereales de desayuno enriquecidos.

Preparándote para ir al hospital

Como se acerca el momento del parto, debes preparar refrigerios y bebidas para ingerir en el hospital. Para algunas mujeres, comer será lo último en lo que piensen; pero para otras, las que han de pasar por una primera etapa larga, un refrigerio será imprescindible.

Se están realizando estudios sobre qué efectos pueden producir los alimentos y las bebidas que consume la embarazada durante los primeros períodos del parto. Un estudio realizado en Australia ha señalado que comer durante la primera y la segunda etapa aumenta en un par de horas el parto. En caso de que se tenga que usar anestesia porque sea un parto de riesgo, no se puede ingerir ningún alimento. Es preferible que pidas consejo a tu comadrona o a tu ginecólogo antes de hacer los preparativos. Sin embargo, lo más sensato es que lleves algún refrigerio o bebida, ya que puedes estar hambrienta después del parto. Recuerda a tu compañero que lleve también algo para comer, porque la espera puede ser larga.

◆ Si te apetece, toma una comida ligera durante la primera etapa antes de ir al hospital.

◆ Si tienes hambre en las primeras etapas, ingiere refrigerios digestivos como galletas digestivas, pasas y dulces con glucosa.

◆ Recuerda a tu pareja que lleve comida para él.

centrémonos en... *la vitamina K*

Esta vitamina es esencial para la coagulación sanguínea, que siempre es importante pero lo es particularmente en el momento del parto. Cuando los niños nacen, se les da, de modo rutinario, una cantidad importante de vitamina K para prevenir la poco frecuente, pero letal, enfermedad hemorrágica del recién nacido.

hortalizas de hoja verde, como el brécol, las coles de Bruselas, la col rizada y las espinacas; melón, coliflor, judías verdes, cereales de desayuno enriquecidos, pan integral y pasta

Jueves	Viernes	Sábado	Domingo
• Cereales de desayuno de trigo con trozos de albaricoque y leche • Zumo de pomelo	• Gachas de avena • Dados de melón y mango	• Batido de leche con fresas • Cereales con leche	• Crepe con zumo de limón y jarabe de frutas • Melocotón
• Ensalada de semillas de calabaza con trigo bulgur y tiras de pollo asado • Yogur griego	• Verduras asadas con tofu • Panecillo • Ciruelas o rodaja de piña	• Crema de setas y nueces • Panecillo de semillas • Crema de mango y fruta de la pasión	• Pizza de pimientos asados y alcachofas • Ensalada de guisantes y aguacate con aderezo de albahaca • Plátano con yogur
• Ensalada de peras y nueces • Panecillo • Pudín de chocolate y dátiles con nata líquida	• Fideos a las cinco especias con pollo y naranja • Macedonia de fresa, pera y fruta de la pasión	• Salmón con especias al estilo tai • Cuscús con piñones y granada • Guisantes y brécol • Yogur griego y frutos secos	• Ternera rellena de cebolla roja y pasas • Arroz y judías verdes • Brochetas de piña y papaya

refrigerios y bebidas

Si no puedes ingerir una comida, primero come un par de porciones pequeñas del plato principal y luego un postre o un refrigerio.

Si tienes hambre antes de ir a la cama o a lo largo de la noche, prueba uno de los refrigerios de la p. 35.

Recuerda beber mucha agua para evitar el estreñimiento, de seis a ocho vasos diarios, además de otras bebidas.

Para poder dormir bien por la noche, reduce la ingesta de bebidas con cafeína.

a partir de las 40 semanas

¡Por fin ha nacido tu bebé! La prioridad en este momento debería ser cuidaros a ti y a tu hijo. Todas las recetas que aparecen en este menú son rápidas y sencillas de hacer, y te ayudarán a disponer de la energía que necesitas.

Dar lel pecho o no, es una decisión muy personal, y hay mucha información sobre cómo hacerlo. Sin embargo, la lactancia materna aporta muchos beneficios al niño. Un estudio realizado en 2007 por la Organización Mundial de la Salud ha demostrado que los niños a los que se les ha dado el pecho tienen el promedio de la presión arterial más bajo, los valores de colesterol total más bajos y un riesgo menor de desarrollar la diabetes de tipo 2 cuando son mayores. También es menos probable que tengan obesidad o sobrepeso, y obtienen mejores resultados en las pruebas de inteligencia.

A corto plazo, gracias a los anticuerpos que hay en la leche materna, el niño está protegido contra los cólicos y contra las infecciones auditivas, pulmonares y urinarias. Actualmente se están realizando más investigaciones para saber si la leche materna protege contra las alergias, el eccema y el asma. No obstante, lo que sí se sabe es que la calidad de la leche materna está determinada por la ingesta. Si comes muchos alimentos ricos en ácidos grasos omega 3, tu hijo se beneficiará ya que parece ser que protegen contra el asma, evitando las inflamaciones de las vías respiratorias del bebé.

Alimentos para ti

Las investigaciones señalan que una madre que dé el pecho necesita entre 430 y 570 calorías más diarias. El organismo obtiene energía de las reservas que has almacenado durante el embarazo, pero deberás comer de forma regular. Si quieres dar el pecho, también has de beber más líquidos. Y si el niño se alimenta con leche artificial, aunque no necesites ingerir más calorías, deberás

MENÚ

	Lunes	Martes	Miércoles
desayuno	· *Batido de fresas* · *Bollo de pasas con confitura*	· Muesli con trozos de albaricoque y leche · Zumo de naranja	· Huevo revuelto con panecillo · Tomates a la brasa · Zumo de pomelo
almuerzo	· *Ensalada de lentejas y arroz salvaje* · *Ensalada verde tibia* · Manzana o pera	· Alubias con tomate y tostada · Yogur con trozos de albaricoque · *Crepe de piñones y jarabe de arce*	· *Crema de hinojo y almendra* · Panecillo con queso · Melocotón
cena	· *Linguine al romero con jamón ahumado y aguacate* · Ensalada de berros · *Sorbete de fruta de la pasión y piña*	· *Estofado de ternera a la cerveza negra* · Patatas nuevas, guisantes y calabacín · *Pudín de panettone y mantequilla*	· *Paella* · Natillas con grosella · *Cookie de avena y arándanos*

Quizá pienses que, ahora que el bebé ya ha nacido, has de recuperar tu silueta. No te exijas mucho, debes alimentarte bien para ingerir la suficiente energía.

continúa con tu vida...

ponerse en forma

Aliméntate de una manera sensata: Una dieta equilibrada que contenga mucha fruta, verduras, carne magra, aves, pescado y alubias, así como hidratos de carbono, como el pan y la pasta, te ayudará a recuperar la silueta.

Haz ejercicio: Realiza ejercicios suaves con el bebé o sal a pasear con el cochecito. Salir al exterior también te beneficiará.

No reduzcas la ingesta. No sientas la tentación de hacer una dieta estricta o tomes pastillas para adelgazar. A largo plazo te resultará más difícil perder los kilos y te sentirás agotada.

llevar una dieta equilibrada para afrontar las pocas horas de descanso y recuperarte del parto.

Dar el pecho debería resultar una experiencia agradable para ti y para tu hijo, y si limitas la dieta, quizá no sea tan placentero. Sin embargo, se dice que hay ciertos alimentos que a algunos bebés les desagradan y están relacionados con los cólicos; entre ellos se encuentran la col, el brécol, la coliflor, el ajo, los cítricos, las uvas y el chocolate.

Si notas que tu hijo está inquieto mientras mama y tú has ingerido alguno de estos alimentos, sustitúyelos por otros del mismo valor nutricional. Antes de dejar de ingerir algún alimento, consulta a tu médico.

Bebe poco té, café y bebidas con cola porque pueden hacer que el bebé se sienta inquieto. Pequeñas cantidades de alcohol pasan a la leche materna y esta huele y sabe diferente, lo que afecta a las pautas de alimentación, de digestión y de sueño del niño; de modo que no debes beber alcohol antes de dar el pecho y has de consumir poca cantidad el resto de tiempo.

¿Eres alérgica?

Si tienes asma, eccema, la fiebre del heno o alergia a algún alimento, quizá sientas la tentación de excluir alimentos que son muy alérgicos. No obstante, no está claro que evitándolos tu hijo se beneficie, y es importante que ingieras una dieta equilibrada. Habla primero con tu médico o tu dietista.

Jueves	Viernes	Sábado	Domingo	
• Yogur griego con albaricoques en zumo de naranja	• Copos de salvado con trozos de pera y leche • Yogur de frutas • Zumo de frutas	• Zumo de pomelo • Bocadillo de queso tierno y salmón ahumado	• Gofre con jarabe de frutas y trozos de fresas • *Zumo de melón y naranja*	**refrigerios y bebidas**
• *Tarta de calabaza y tofu* • Patata al horno • Ensalada verde • Yogur griego y miel	• *Crema de setas y nueces* • *Hummus con tomates secos* • Pan de semillas	• *Roulade de queso tibio* • Ensalada • Panecillo • Naranja o plátano	• *Risotto al estragón con espárragos y guisantes* • Yogur con arándanos	Como te sentirás agotada, es importante que comas con regularidad y bien. Recuerda tomar las sopas y los refrigerios que has congelado. Cuando estés cansada o no te apetezca preparar nada, hazte uno de los batidos que aparecen en las pp. 79-82.
• *Macarrones con salmón y espárragos* • Ensalada verde • *Brochetas de piña y papaya*	• *Pollo mexicano en salsa de chocolate* • Puré de patatas, guisantes y zanahorias • Yogur griego con trozos de dátiles	• Zumo de fruta • *Cordero asado con alubias* • Espinacas al vapor • *Arroz con leche con limón y azafrán*	• *Goulash de ternera* • Patatas asadas, guisantes y zanahorias • *Pudín de panettone y mantequilla*	Si estás dando el pecho, bebe muchos líquidos y con frecuencia. Alimentar a tu hijo requiere su tiempo; por tanto, ten a mano frutas deshidratadas y alguna bebida.

PLATOS LIGEROS

cremas · patés y salsas · pizzas y masas
pastas y cereales · frutas energéticas

cremas

Crema de remolacha y cebolla roja asada

Una crema dulce y reconfortante para nutriros a ti y a tu bebé. La remolacha es una fuente excelente de folatos; por tanto, es una crema ideal para ingerir en el primer período de gestación o cuando intentes quedarte embarazada.

Tiempo de preparación: **5 minutos** Ⓥ
Tiempo de cocción: **45 minutos**
Ingredientes: **para 4–6 personas**

Contiene: **vitaminas A, B$_1$, B$_3$, B$_6$ y E, y folatos**

400 g de remolacha cruda lavada
  y pelada
1 cebolla roja grande pelada
2 zanahorias medianas lavadas y peladas
2 cucharadas de aceite de oliva
800 ml de caldo de verduras
nata líquida o crema de leche

■ Precalentar el horno a 200 ºC.
■ Cortar la remolacha en cuartos, y estos a su vez en mitades; cortar las cebollas en cuatro partes, y las zanahorias a rodajas.
■ Poner las verduras en una bandeja para asar, rociar el aceite de oliva e introducirlas en el horno durante 35-40 minutos, o hasta que estén tiernas.
■ Triturar las verduras asadas con

400 ml de caldo de verduras y colocarlas en una cazuela grande. Remover con el caldo restante y dejarlas hervir.
■ Sazonar la crema con nuez moscada molida y servir con una cucharada de nata líquida.

Crema de guisantes y menta

Esta es una de las cremas más fáciles de preparar; y si usas guisantes congelados y un método de cocción rápido, la crema retendrá mucha vitamina C.

Tiempo de preparación: **5 minutos** Ⓥ
Tiempo de cocción: **10 minutos**
Ingredientes: **para 4 personas**

Contiene: **vitamina C y ácido fólico**

1 cucharada de aceite de oliva o de
  aceite de girasol
1 cebolla pequeña muy picada
450 g de guisantes congelados
600 ml de agua o de caldo de verduras
  caliente
unas hojas de menta
crema de leche para servir

■ Rehogar la cebolla en una cazuela con un poco de aceite.
■ Echar los guisantes, verter el agua o el caldo, agregar las hojas de menta y,

aderezos

El tradicional chorrito de crema de leche aporta más sabor a la crema, pero también suele añadir calorías innecesarias. Para dar más sabor, textura y color, prueba en su lugar alguna de las siguientes ideas:

cebollino o perejil fresco picado
nuez moscada molida
pimentón
nata líquida descremada
menta o albahaca fresca picada
almendras tostadas
piñones
rodajas finas de pepperoni
aros de cebolla roja asados

cuando hierva, cocer a fuego lento durante 4-5 minutos, o hasta que los guisantes estén tiernos.
■ Dejar que se enfríe un poco y triturar ligeramente.
■ Servir la crema en los cuencos con un chorrito de nata líquida.

¿Por qué no...?
Preparas más cantidad y congelas una parte para los días en que no te apetezca cocinar.

Crema especiada al estilo marroquí

Los sabores dulces y picantes de esta crema son característicos de la cocina del norte de África. De hecho, con un poco de pan crujiente se puede considerar un plato principal.

Tiempo de preparación: **15 minutos** Ⓥ
Tiempo de cocción: **20–25 minutos**
Ingredientes: **para 4 personas**

Contiene: **calcio, fibra, hierro, magnesio, proteína y vitaminas B y C**

1 cucharada de aceite de oliva
2 cebollas peladas y picadas
3 dientes de ajo pelados y majados
1 cucharadita de comino molido
¼ cucharadita de pimienta de Cayena
1 cucharadita de canela
410 g de garbanzos de lata (240 g escurridos)
10 orejones de albaricoque picados
100 g de espinacas troceadas, previamente descongeladas
zumo de 1 limón
200 ml de zumo de naranja sin azúcar
500 ml de caldo de verduras
sal y pimienta al gusto

■ Calentar el aceite en una cazuela, y dorar las cebollas y los ajos durante 5 minutos.
■ Añadir el comino, la pimienta de Cayena, la canela y los garbanzos, y cocer a fuego lento durante 2-3 minutos.
■ Agregar los orejones, las espinacas, el zumo de limón y de naranja y el caldo, y remover de vez en cuando. Tapar y cocer a fuego lento durante 20-25 minutos. Sazonar al gusto.
■ Pasar a un robot de cocina y procesar hasta conseguir una crema con tropezones; si es demasiado espesa para tu gusto, añadir más caldo o agua caliente. Verter la crema en una cazuela limpia para calentarla. Sazonar, si es necesario, antes de servir.

Crema de espinacas y comino

El color de esta crema es magnífico; el sabor, delicioso, y se prepara muy rápido. El ingrediente que sorprende en este plato es la almendra molida, que ayuda a espesar la crema.

Tiempo de preparación: **10 minutos** Ⓥ
Tiempo de cocción: **15–20 minutos**
Ingredientes: **para 4 personas**

Contiene: **betacaroteno, fibra, folatos, hierro y vitamina C**

1 cucharada de aceite de oliva
1 cebolla pelada y picada
2 cucharadas de almendras molidas
1 cucharadita de comino
250 g de espinacas frescas lavadas y escurridas
300 ml de caldo de verduras
sal y pimienta negra al gusto
1 cucharada de crema de leche y de nuez moscada molida al servir

■ Calentar el aceite en una cazuela grande, y dorar la cebolla a fuego lento durante 2-3 minutos.
■ Añadir las almendras y el comino, remover y cocer a fuego lento durante 1 minuto más.
■ Agregar las espinacas y remover bien. Verter el caldo, tapar la cazuela y cocer a fuego medio durante 10-15 minutos, o hasta que se arruguen las hojas, removiendo de vez en cuando.
■ Pasar a un robot de cocina y procesar hasta conseguir una textura suave. Añadir más caldo o agua caliente si la crema es demasiado espesa para tu gusto. Sazonar, y servir con un chorrito de crema de leche y un poco de nuez moscada molida.

Crema de setas y nueces

Para esta consistente crema se utiliza una variedad de sabrosas setas, como las de ostra, las shiitake y las de bosque; además, la nuez aporta un sabor delicioso y una textura grumosa.

Tiempo de preparación: **10 minutos** Ⓥ
Tiempo de cocción: **35–40 minutos**
Ingredientes: **para 4 personas**

Contiene: **hierro y selenio**

1 cucharada de aceite de oliva
2 cebollas pequeñas peladas y picadas
500 g de setas variadas troceadas
50 g de nueces
1 cucharada de harina
1 l de caldo de verduras
2-3 cucharadas de jerez seco
nuez moscada al gusto
sal y pimienta al gusto

■ Calentar el aceite en una cazuela grande y rehogar la cebolla a fuego lento durante 5 minutos con la cazuela tapada. Añadir las setas troceadas, tapar de nuevo, y rehogar durante otros 5 minutos.
■ Agregar las nueces, la harina y el caldo y remover hasta que rompa a hervir. Reducir el fuego, tapar y cocer a fuego lento durante 20-25 minutos.
■ Dejar que se enfríe, pasar a un robot de cocina y procesar hasta conseguir una textura casi homogénea.
■ Echar la crema a una cazuela limpia y añadir el jerez. Sazonar con nuez moscada, pimienta y sal, si es necesario.
■ Al hervir de nuevo a fuego lento, se evaporará el alcohol del jerez y se conservará el sabor. La crema está lista para servir.

Crema de hinojo y almendra

Una crema suave y ligera, ideal para esos días en que no te apetece comer mucho y quieres algo suave. El hinojo favorece la digestión y alivia el dolor de estómago.

Tiempo de preparación: **10 minutos** (V)
Tiempo de cocción: **30 minutos**
Ingredientes: **para 4 personas**

Contiene: **calcio** y **vitamina E**

1 cucharada de aceite de girasol
1 cebolla pelada y picada
1 bulbo de hinojo troceado
4 ramas de apio cortadas en láminas finas
2 cucharaditas de semillas de hinojo molidas
100 g de almendras molidas

700 ml de agua
unas almendras tostadas al servir (opcional)
sal y pimienta negra al gusto

■ Calentar el aceite en una cazuela grande y rehogar la cebolla, el hinojo y el apio a fuego lento durante 10 minutos.
■ Añadir las semillas de hinojo y las almendras picadas, y cocinar durante 1-2 minutos más.
■ Verter el agua y remover constantemente hasta que hierva.
■ Tapar y cocer a fuego lento durante 30 minutos.
■ Pasar todo a un robot de cocina y procesar hasta conseguir una textura cremosa. Echar la crema en una cazuela limpia para calentar a fuego lento. Sazonar al gusto. Espolvorear con almendra tostada y una cantidad generosa de pimienta negra fresca molida, y servir.

Acompañamientos para las cremas

El toque final hace que la crema sea más apetitosa, y suele aportar más nutrientes y variedad. Las siguientes recetas de tropezones contienen menos grasas y son más sabrosas que las comerciales. Y aunque pueden conservarse en un envase hermético durante un par de días, es preferible servirlos recién preparados.

Tropezones de polenta
Cortar polenta ya preparada en dados pequeños, y dorarla en 1-2 cucharadas de aceite de girasol caliente. Escurrirla sobre papel de cocina absorbente, y sazonar con pimienta negra y hierbas aromáticas.

Tropezones de polenta y ajo
Majar dos dientes de ajo y dorarlos en una sartén con 1-2 cucharadas de aceite de girasol caliente. Cortar un trozo de polenta ya preparada en dados pequeños, y dorarla junto a los dientes de ajo. Antes de servir, escurrirla sobre papel de cocina absorbente.

Tropezones de focaccia al horno
Cortar en pequeñas porciones una focaccia condimentada con tomates secos y romero. Ponerla en una bandeja e introducir en el horno a 160 °C durante 15-20 minutos, o hasta que esté tostada y crujiente.

Tropezones rociados con aceite de nuez
Cortar pan del día anterior (cualquier clase) en dados. Colocarlo en una bandeja e introducir en el horno a 160 °C durante 15-20 minutos, o hasta que esté tostado y crujiente. Retirar y rociar un poco de aceite de nuez sobre los tropezones.

Crema de brécol y menta

Esta crema tiene un sabor a menta fresca delicioso, y es fácil de hacer y de congelar. Además, el brécol contiene diversos nutrientes (véase p. 27); de modo que toma este plato a menudo.

Tiempo de preparación: **10 minutos** Ⓥ
Tiempo de cocción: **30-35 minutos**
Ingredientes: **para 4-6 personas**

Contiene: **betacaroteno, calcio, folatos, hierro y vitamina C**

2 cucharadas de aceite de oliva
2 cebollas peladas y picadas
750 g de brécol troceado
750 ml de leche descremada
  o semidescremada

250 ml de agua
1 pastilla de caldo de verduras
5 hojas grandes de menta fresca
sal y pimienta negra al gusto

■ Calentar el aceite en una cazuela grande y rehogar la cebolla a fuego lento durante 5 minutos con la cazuela tapada. Añadir el brécol y cocerlo durante 3-5 minutos más.

■ Verter la leche y el agua, desmenuzar la pastilla de caldo y agregar las hojas de menta. Remover constantemente hasta que rompa a hervir, tapar y cocer durante 20-25 minutos, o hasta que el brécol y la cebolla estén tiernos.

■ Pasar a una batidora y procesar hasta conseguir una textura homogénea. Echar la crema en una cazuela limpia para calentarla a fuego lento. Sazonar al gusto, y servir con tropezones (véase p. 63) y con una cantidad generosa de pimienta negra fresca molida.

patés y salsas

Paté de pimientos rojos asados

Este es un paté vegetariano delicioso; además de llevar ingredientes muy sabrosos, es una forma excelente de ingerir mucha vitamina C y betacaroteno. Y con pan crujiente y ensalada mixta es un buen almuerzo.

Tiempo de preparación: **10 minutos** Ⓥ
Tiempo de cocción: **30 minutos**
Ingredientes: **para 4 personas**

Contiene: **betacaroteno, calcio** y **vitamina C**

2 pimientos rojos cortados en trozos
  grandes
½ cebolla roja pelada y picada
2 cucharadas de aceite de oliva
5 hojas grandes de albahaca fresca
  cortadas en 2 o 3 trozos
1 diente de ajo pelado y majado
100 g de queso mascarpone
1 cucharadita de puré de tomates secos
2 cucharaditas de zumo de limón
pimienta negra al gusto

■ Precalentar el horno a 200 ºC.
■ Poner los pimientos y la cebolla en una bandeja para el horno, rociar el aceite y asar durante 30 minutos.
■ Dejar que se enfríen durante unos minutos y pasar a un robot de cocina,

añadir la albahaca y mezclar ligeramente. Agregar los ingredientes restantes y procesar hasta conseguir una textura homogénea.
■ Poner el paté en recipientes individuales o en un plato amplio. Dejar que se enfríe, y servir con pan de nueces o de semillas y con una ensalada verde.

Salsa de tomate y guindilla

Una salsa poco grasa y rápida de preparar que puedes picar mientras preparas la cena o te la preparan. Si no te gusta la guindilla, es opcional; también está exquisita sin el picante.

Tiempo de preparación: **5 minutos** Ⓥ
Ingredientes: **para 4–6 personas**

Contiene: **betacaroteno, fibra** y **vitamina C**

200 g de tomates cherry maduros
10 g de cilantro fresco
1 chalota picada
1 guindilla pequeña partida por la mitad
  y sin semillas (opcional)
2 cucharadas de salsa de tomate o de
  salsa chutney
pimienta negra al gusto

■ Pasar todos los ingredientes a un robot de cocina y procesar hasta conseguir una salsa con tropezones.
■ Servir con bastones de pan o con rebanadas de pan de pita.

paté de pimientos rojos asados

Guacamole

El guacamole no tiene por qué ser la versión comercial sin grumos; el auténtico suele llevar trozos de suculento tomate, y mucha guindilla y comino.

Tiempo de preparación: **10 minutos** Ⓥ
Ingredientes: **para 4 personas**

Contiene: **vitaminas E, B$_1$, B$_3$ y B$_6$**

2 aguacates maduros
zumo de ½ lima
1 tomate grande maduro pelado y sin semillas
1 cebolla pequeña rallada
1 diente de ajo majado
½ cucharadita de comino molido
½ cucharadita de salsa de tabasco (opcional)
1 cucharadita de hojas de cilantro picado (opcional)

■ Rociar el zumo de lima sobre los aguacates y chafarlos en un cazo amplio.
■ Picar los tomates y añadirlos al aguacate, junto con la cebolla, el diente de ajo, el comino y el tabasco.
■ Agregar el cilantro picado al gusto.

Hummus con tomates secos

El hummus que venden en las tiendas suele tener mucha grasa y sal; pero si lo preparas tú, puedes adaptarlo con los ingredientes que te apetezca. Este lleva tomates secos.

Tiempo de preparación: **10 minutos** Ⓥ
Ingredientes: **para 4 personas**

Contiene: **proteína, vitaminas B$_1$, B$_3$ y B$_6$, calcio, magnesio y fibra**

410 g de garbanzos de lata escurridos
1 diente de ajo
1 cucharada de tahini (pasta de semilla de sésamo)
zumo de ½ limón
40 g de tomates secos en aceite escurridos
1 cucharada de aceite de los tomates o de aceite de oliva
pimienta negra
agua

■ Pasar a un robot de cocina los garbanzos escurridos, el ajo y el zumo de limón, y añadirle un poco de agua para que baje la espuma y quede una textura compacta.
■ Agregar el aceite y la pimienta negra, y mezclar hasta conseguir la textura deseada.
■ Por último, añadir los tomates secos, de modo que queden muy picados.
■ Dejar que se enfríe y servir con trozos de zanahoria, pimiento y apio crudos.

Salsa de alubias cannellini y lima

Estas alubias tienen una textura suave y cremosa, lo que las convierte en una salsa deliciosa. Añade mucho jengibre y lima para dar más sabor: una alternativa nutritiva para cuando tienes un antojo.

Tiempo de preparación: **10 minutos** Ⓥ
Ingredientes: **para 4 personas**

Contiene: **fibra, vitamina B$_6$, folatos, potasio y selenio**

400 g de alubias cannellini de lata enjuagadas y bien escurridas
piel de 1 lima rallada
zumo de ½ lima
1 cucharadita de jengibre rayado
1 cucharadita de cilantro finamente picado

1 cucharadita de nata líquida descremada

■ Batir todos los ingredientes hasta conseguir una textura cremosa.
■ Dejar que se enfríe un poco y servir con bastones de pan, y trozos de pimiento y de zanahoria crudos.

Paté de trucha y ricotta

Este paté está ligeramente enriquecido con eneldo y es una buena forma de ingerir pescado azul.

Tiempo de preparación: **5 minutos**
Ingredientes: **para 2–3 personas**

Contiene: **proteína** y **ácidos grasos omega 3**

150 g de filete de trucha ahumado
piel rallada y zumo de 1 limón
100 g de ricotta
2 ramas grandes de eneldo fresco
pimienta negra al gusto

■ En un recipiente mediano, chafar ligeramente la trucha con un tenedor. Añadir la piel y el zumo de limón, y el ricotta; y mezclarlo bien.
■ Sazonar con pimienta negra. Cortar el eneldo con la ayuda de unas tijeras y añadirlo, mezclar de nuevo y dejar que se enfríe. Servir con pan tostado.

pizzas y masas

Pizza de champiñones, espárragos y rúcula

Tiempo de preparación: **10 minutos** (v)
Tiempo de cocción: **10–12 minutos**
Ingredientes: **para 2 personas**

Contiene: **calcio, fibra, folatos, proteína**
y **vitamina C**

2 cucharadas de salsa de tomate
1 diente de ajo majado
base de pizza o masa ya preparada,
*   extendida hasta conseguir un círculo*
*   de 23 cm*
50 g de champiñones laminados
6 puntas de espárragos
125 g de mozzarella laminada
pimienta negra al gusto
25 g de rúcula
aceitunas negras

■ Precalentar el horno a 220 ºC.
■ Extender la salsa de tomate y el ajo
sobre la base de la pizza. Distribuir los
champiñones y las puntas de espárrago;
cubrir con el queso y sazonar con la
pimienta negra.
■ Hornear la pizza durante
10-12 minutos, o hasta que la masa
tenga aspecto crujiente y el queso
esté fundido.
■ Cubrirla con la rúcula y con las
aceitunas, y servir al momento.

Pizza de pollo y jengibre

¡Tanto por su sabor como para prevenir las náuseas, el jengibre es la solución! Sirve esta exquisita pizza con la ensalada de peras y nueces (véase p. 109).

Tiempo de preparación: **10 minutos**
Tiempo de cocción: **10-12 minutos**
Ingredientes: **para 2 personas**

Contiene: **calcio, proteína** y **vitamina C**

2 cucharadas de salsa de tomate
1 diente de ajo pelado y majado
base de pizza o masa ya preparada, extendida hasta conseguir un círculo de 23 cm
1 pechuga de pollo laminada y cocinada
10 tomates cherry partidos por la mitad
2,5 centímetros de raíz de jengibre, finamente rallada
125 g de mozzarella laminada
pimienta negra al gusto

■ Precalentar el horno a 220 ºC.
■ Extender la salsa de tomate y el ajo sobre la base de la pizza. Distribuir la pechuga de pollo y los tomates, esparcir el jengibre y sazonar con la pimienta negra.
■ Hornear la pizza durante 10-12 minutos, o hasta que la masa tenga aspecto crujiente y el queso esté fundido. Servir al momento.

Pizza de salmón y alcaparras con nata líquida

El salmón y las alcaparras convierten esta pizza en un plato estimulante, y con ella cubrirás los niveles de ácidos grasos omega 3. Sírvela con ensalada verde o con brécol al vapor.

Tiempo de preparación: **5 minutos**
Tiempo de cocción: **10-12 minutos**
Ingredientes: **para 2 personas**

Contiene: **calcio, yodo, ácidos grasos omega 3, proteína** y **vitaminas C y D**

410 g de tomate triturado de lata
1 diente de ajo pelado y majado
base de pizza o masa ya preparada, extendida en un círculo de 23 cm
2 cucharadas de nata líquida semidescremada
100 g de filetes de salmón sin piel y cortado en tiras
2 cucharadas de alcaparras
125 g de mozzarella laminada
pimienta negra al gusto

■ Precalentar el horno a 220 ºC.
■ Extender la salsa de tomate y el ajo sobre la base de la pizza. Poner la crema de leche con una cuchara y echar por encima el salmón, espolvorear las alcaparras, cubrir con el queso y sazonar con un poco de pimienta negra.
■ Hornear la pizza durante 10-12 minutos, o hasta que la masa tenga aspecto crujiente y el queso esté fundido. Servir al momento.

Pizza de pimientos asados y alcachofas

Los pimientos son una fuente extraordinaria de vitamina C. Y en esta pizza, los pimientos asados, como están conservados en aceite de oliva, proporcionan un delicioso sabor.

Tiempo de preparación: **5 minutos** Ⓥ
Tiempo de cocción: **10 minutos**
Ingredientes: **para 2 personas**

Contiene: **proteína, vitamina C** y **calcio**

base de pizza o masa ya preparada, extendida en un círculo de 23 cm
300 g de tomates triturados
1 diente de ajo majado
1 cucharadita de orégano fresco o seco
100 de pimientos asados en aceite de oliva escurridos
4 corazones de alcachofa en aceite de oliva escurridos y cortados en láminas
125 g de mozzarella baja en grasa cortada a dados
pimienta negra

■ Extender el tomate triturado y el ajo sobre la base de la pizza. Espolvorear el orégano y distribuir los pimientos y las alcachofas, cubrir con el queso y moler un poco de pimienta negra.
■ Precalentar el horno a 220 ºC.
■ Hornear la pizza durante 10-12 minutos, o hasta que la masa tenga aspecto crujiente y el queso esté fundido. Servir al momento con una ensalada de berros y papaya.

Hojaldre con pimiento rojo y tomate

Un nombre muy elaborado para una lámina de hojaldre cubierta de verduras mediterráneas asadas. Los pimientos rojos y el tomate contienen muchas vitaminas antioxidantes, que son muy beneficiosas.

Tiempo de preparación: **15 minutos** (V)
Tiempo de cocción: **15–20 minutos**
Ingredientes: **para 4 personas**

Contiene: **vitaminas antioxidantes**

340 g de pasta de hojaldre
2 cucharadas de salsa de tomates secos
½ pimiento rojo cortado a dados
10-15 tomates cherry partidos por la mitad
8 hojas de albahaca fresca, partidas
1 cucharada de aceite de oliva
pimienta negra al gusto
yema de 1 huevo para glasear

■ Precalentar el horno a 220 ºC.
■ Extender la masa hasta conseguir un rectángulo de 30 x 23 cm. Con cuidado, ponerla en una bandeja de horno humedecida y levantar unos 0,5 cm los bordes de la masa, para asegurarse de que esta sube, de modo que la masa que bordea los extremos forme un rectángulo de 20 x 27 cm.
■ Disponer el tomate sobre la masa y colocar encima los pimientos y los tomates. Espolvorear la albahaca, rociar con el aceite y sazonar con la pimienta.
■ Pintar los bordes de la pasta de hojaldre con la yema del huevo y hornear la jalousie durante 20-25 minutos, hasta que la masa esté dorada. Servir con rúcula.

Cestitas de garbanzos y calabaza al estilo marroquí

Las pasas, el comino y la canela aportan un sabor especiado a los garbanzos y la

cestitas de garbanzos y calabaza al estilo marroquí

calabaza, pero el ingrediente que sorprende es la mermelada. Envueltas en pasta filo, estas cestitas tienen un aspecto sorprendente y son deliciosas.

Tiempo de preparación: **30 minutos** (V)
Tiempo de cocción: **15–20 minutos**
Ingredientes para **8 cestitas**

Contiene: **betacaroteno, calcio, fibra, hierro** y **vitamina C**

1 cucharada de aceite de girasol
350 g de calabaza pelada y cortada
  en dados
1 cebolla pelada y picada
1 diente de ajo grande pelado y majado
2 cucharadas de pasas
2 cucharaditas de semillas de comino
una pizca de canela molida
410 g de garbanzos de lata (240 g
  escurridos y enjuagados)
2 cucharadas de mermelada
200 g de pasta filo a cuadrados
aceite de girasol para engrasar
semillas de amapola para decorar

■ Precalentar el horno a 220 ºC y engrasar una bandeja para hornear.
■ Cocinar al vapor la calabaza durante 15-20 minutos, o hasta que esté tierna.
■ Calentar el aceite en una cazuela grande, y dorar la cebolla y el ajo a fuego lento durante 10 minutos, o hasta que estén translúcidos.
■ Añadir las pasas, el comino y la canela, y freír durante un minuto, removiendo. Retirar del fuego y agregar los garbanzos y la mermelada. Mezclar todos los ingredientes y machacarlos ligeramente con una cuchara, de modo que se chafen algunos garbanzos. Agregar la calabaza, remover y dejar enfriar.
■ Colocar dos láminas de pasta filo, una encima de la otra, y engrasar la que se encuentra en la parte superior. Poner una cucharada generosa del relleno en medio de la masa y envolver como si fuese una cestita. Colocar en la bandeja de hornear, pintar con un poco de aceite y espolvorear con algunas semillas de amapola. Repetir la operación con el resto de láminas de pasta filo.
■ Hornear durante 15 - 20 minutos o hasta que la pasta esté dorada. Servir caliente con una ensalada.

platos ligeros

69

Strudel de sardinas y limón

Quizá asocies el strudel con las manzanas y los frutos secos, pero hasta una persona reacia al pescado suele encontrar apetitoso este plato. Puede prepararse con diversos pescados; sin embargo, las sardinas de lata resultan económicas y son una fuente importante de hierro y de calcio. Aunque los ingredientes de la receta son para un strudel, equivalente a una persona, puedes preparar la cantidad que te apetezca.

Tiempo de preparación: **10 minutos**
Tiempo de cocción: **5 minutos**
Ingredientes: **para 1 persona**

Contiene: **calcio, yodo, hierro, ácidos grasos omega 3, proteína** y **vitaminas A y D**

1 hojuela de pasta filo
1 cucharadita de aceite de girasol
2 latas de sardinas en aceite escurridas
1 cucharadita de zumo de limón
1 cucharadita de cilantro fresco picado
piel de ½ limón rallada
pimienta negra al gusto
aceite de girasol para engrasar

■ Precalentar el horno a 200 ºC.
■ Colocar la pasta filo en una superficie limpia y seca, y engrasar con el aceite. Poner las sardinas encima de la masa y cubrirlas con el zumo, la piel del limón, y el cilantro. Y luego sazonar con un poco de pimienta negra.
■ Enrollar la masa y plegar los extremos. Engrasar con un poco de aceite y hornear durante 15 minutos, o hasta que la masa esté dorada. Servir caliente y con una ensalada.

pastas y cereales

Macarrones con salmón y espárragos

La salsa holandesa embotellada está pasteurizada; por tanto, es más segura.

Tiempo de cocción: **15–20 minutos**
Ingredientes: **para 2 personas**

Contiene: **folatos, ácidos grasos omega 3, proteína** y **vitaminas A, C y D**

200 g de macarrones frescos o secos
100 g de espárragos cortados en trozos
    pequeños
200 g de filete de salmón sin piel
    y cortado en dados
piel rallada y zumo de ½ limón
2 cucharadas de salsa holandesa
sal y pimienta negra al gusto
queso parmesano rallado para aderezar

■ Cocer la pasta el tiempo que indica el envase.
■ Hervir al vapor los espárragos y el salmón los últimos 4 minutos de cocción de la pasta.
■ Mientras tanto, mezclar en un cuenco el zumo y la piel del limón con la salsa holandesa, y sazonar con pimienta negra.
■ Escurrir la pasta, mezclarla con la salsa, y colocar con cuidado los espárragos y el salmón.
■ Aderezar al gusto y servir con queso parmesano rallado.

Lasaña de atún al hinojo

Lasaña de atún al hinojo

Una lasaña de pescado diferente, pues el hinojo aporta un sabor anisado suave y distintivo. Si no lo encuentras fresco, se puede sustituir por apio y $1/2$ cucharadita de semillas de hinojo majadas. Para disfrutar de una comida sencilla y gustosa, servir con pan crujiente y con tomates cherry maduros.

Tiempo de preparación: **15 minutos**
Tiempo de cocción: **35–40 minutos**
Ingredientes: **para 3–4 personas**

Contiene: **calcio, fibra, proteína** y **vitamina B$_2$**

3 hojas de laurel
3 puerros pequeños partidos por la mitad
$1/2$ bulbo de hinojo laminado
500 ml de leche descremada
25 g de margarina de girasol
25 g de harina
200 g de atún natural de lata escurrido
aceite o mantequilla para engrasar
6 hojuelas de lasaña seca
25 g de queso cheddar rallado
sal y pimienta negra al gusto

■ Precalentar el horno a 180 ºC.
■ Colocar en un cazo antiadherente las hojas de laurel, los puerros y el hinojo. Verter la leche y calentar a fuego lento durante 10 minutos.
■ Retirar del fuego y reservar los puerros y el hinojo; quitar las hojas de laurel y poner la leche en una jarra.
■ Fundir la margarina en la cazuela previamente enjuagada, y añadir a fuego lento la harina, removiendo hasta que quede bien mezclada. Agregar la leche poco a poco sin dejar de remover, y cocer hasta que espese la salsa. Sazonar al gusto.
■ Usar un molde refractario de 15 x 22 cm y engrasarlo con aceite o mantequilla. Colocar en la base del molde la mitad del hinojo y del apio, y extender encima la mitad del atún. Cubrir con la mitad de las láminas de lasaña y verter sobre ellas la mitad de la salsa. Repetir las capas de verduras, atún y pasta, y verter la salsa sobrante.
■ Espolvorear el queso rallado y hornear durante 35-40 minutos, o hasta que el queso esté gratinado.

¿Por qué no...?
Usas pasta fresca, y así la lasaña solo tardará 20-25 minutos en cocerse.

Pasta con salsa de tomate y queso mascarpone

Probablemente este sea uno de los platos para cenar más rápidos que se pueden preparar. Sírvelo con una ensalada verde o con ensalada de zanahoria y remolacha (véase p. 108) para una comida casi instantánea.

Tiempo de preparación: **5 minutos**
Tiempo de cocción: **10 minutos** (V)
Ingredientes: **para 2 personas**

Contiene: **calcio** y **vitaminas B** y **C**

250 g de pasta fresca o seca
125 g de queso mascarpone
10 tomates secos en aceite escurridos y troceados
5 hojas grandes de albahaca fresca partidas
1 cucharadita de pesto
pimienta negra al gusto

■ Cocer la pasta el tiempo que indica el envase.
■ Mezclar en un cazo el resto de ingredientes y calentar a fuego lento.
■ Escurrir la pasta y devolverla a la cazuela. Verter la salsa y remover bien, hasta que la pasta quede cubierta con la salsa. Servir al momento.

¿Por qué no...?
Haces una salsa de tomate fresca: pelas y cortas 3 o 4 tomates maduros, los cueces a fuego lento durante 5-6 minutos, y por último viertes el queso mascarpone y la albahaca.

Linguine al romero con jamón ahumado y aguacate

Este plato tan sencillo es un festín de sabores suaves. El jamón ahumado y el romero complementan la riqueza de los nutrientes del aguacate. Esta receta es ideal para esos momentos en que estás cansada y no te apetece cocinar un plato elaborado.

Tiempo de preparación: **10 minutos**
Tiempo de cocción: **10-15 minutos**
Ingredientes: **para 2 personas**

Contiene: **proteína** y **vitaminas B y E**

200 g de linguine, espagueti o tagliatelle
1 cucharadita de aceite de oliva
2 chalotas peladas y muy picadas
1 cucharadita de romero fresco picado
100 g de lonchas finas de jamón
*   ahumado cortadas en tiras*
1 aguacate cortado en dados
piel de ½ limón rallada
2 cucharadas de nata líquida
*   semidescremada*

■ Cocer la pasta el tiempo que indica el envase y escurrir.
■ Calentar el aceite de oliva en una sartén pequeña y dorar las chalotas durante 5 minutos. Añadir el romero, remover y continuar con la cocción durante 1-2 minutos más.
■ Agregar el resto de ingredientes, remover y calentar a fuego lento con la pasta. Servir al momento.

Fideos a las cinco especias con pollo y naranja

Este pollo se impregna de los sabores de las cinco especias chinas (anís estrellado, semillas de hinojo, de clavo, de fagara y de casia) y de la naranja. Es un plato sencillo y delicioso para cuando tienes invitados.

Tiempo de preparación: **10 minutos**
Tiempo de marinado: **30 minutos**
Tiempo de cocción: **20 minutos**
Ingredientes: **para 4 personas**

Contiene: **vitaminas C y B$_1$**

piel rallada y zumo de 1 naranja grande
1 cucharada de salsa de soja
1 cucharadita de cinco especias chinas

linguine al romero con jamón ahumado y aguacate

1 cucharadita de jengibre fresco rallado
3 pechugas grandes de pollo cortadas en
tiras
1 cucharada de aceite de girasol
4 ramas de apio cortadas en láminas finas
2 dientes de ajo majados
4 chalotas frescas picadas
4 nidos de fideos de arroz al huevo
1 cucharadita de harina de maíz
1 cuchara de jerez
2 cucharadas de agua
gajos de naranja para servir

■ Colocar el zumo y la piel de la naranja, la salsa de soja, las especias y el jengibre en un recipiente amplio.
■ Añadir el pollo y remover hasta que quede completamente cubierto con la marinada. Tapar y dejar en la nevera como mínimo 30 minutos, si es posible varias horas.
■ Con la ayuda de unas pinzas, retirar el pollo del recipiente y reservar la marinada.
■ Calentar el aceite en una cazuela antiadherente y dorar a fuego lento las tiras de pollo. Añadir el apio, el ajo y las chalotas, y continuar cocinando a fuego medio.
■ Mientras tanto, cocer los fideos de arroz el tiempo que indica el envase.
■ Para preparar la salsa, poner la harina de maíz en un cuenco; verter la marinada restante, el jerez y el agua, y remover.
■ Cuando el pollo esté cocido, verter la salsa en la cazuela y dejar espesar.
■ Añadir los fideos y remover.
Servir al momento con los gajos de naranja, y acompañarlo con guisantes y judías verdes.

Risotto al estragón con guisantes y espárragos

Los espárragos son una fuente increíble de folatos, y con los guisantes este risotto resulta un plato vistoso y muy nutritivo. Para que esté más cremoso, añádele antes de servir un poco de nata líquida, siempre y cuando no te importe ingerir más calorías.

Tiempo de preparación: **10 minutos** (v)
Tiempo de cocción: **25 minutos**
Ingredientes: **para 2 personas**

Contiene: **vitaminas B$_1$, B$_3$ y E, folatos, cinc y calcio**

1 cucharada de aceite de oliva
½ cebolla muy picada
300 g de arroz para risotto
600 ml de caldo de verduras o de pollo
2 cucharaditas de vermú seco (opcional)
1 cucharadita de estragón fresco picado
200 g de espárragos frescos o congelados
300 g de guisantes, previamente
descongelados
200 g nata líquida descremada
(opcional)
75 g de queso parmesano fresco rallado
(opcional)
pimienta negra fresca molida

■ Calentar el aceite en una cazuela grande y saltear la cebolla.
■ Añadir el arroz a fuego lento, remover para impregnarlo con el aceite y la cebolla, y verter el vermú y la mitad del caldo sin dejar de remover.
■ Agregar el estragón y cocer el arroz a fuego lento. Verter poco a poco el resto de caldo, y remover de vez en cuando para evitar que se pegue el arroz. Si es necesario, añadir más agua.
■ Mientras tanto, cortar los espárragos en trozos pequeños y cocerlos durante 5 minutos.
■ Cuando el arroz esté casi cocido, añadir los espárragos y los guisantes.

■ En el momento de servir agregar la nata líquida y espolvorear el queso parmesano rallado.

Risotto con anacardos y calabacín

Este risotto es sencillo y rápido de preparar, y los anacardos son más dulces y tienen menos grasa que otros frutos secos.

Tiempo de preparación: **10 minutos** (v)
Tiempo de cocción: **20–25 minutos**
Ingredientes: **para 2 personas**

Contiene: **fibra, proteína, cinc y vitaminas C y E**

1 cucharada de aceite de oliva
1 cebolla pelada y picada finamente
2 ramas de apio cortadas en láminas
finas
1 calabacín cortado a dados
200 g de arroz para risotto
2 cucharaditas de cilantro picado
500 mg de caldo de verduras
150 g de anacardos
2 cucharadas de hojas de perejil fresco
picado
sal y pimienta al gusto

■ Calentar el aceite en una cazuela antiadherente, y dorar la cebolla y el apio a fuego lento durante 10 minutos.
■ Añadir el calabacín, el arroz y el cilantro, y cocinar durante 1-2 minutos más. Verter el caldo, remover, tapar y cocer a fuego lento durante 20 minutos.
■ Mientras tanto, tostar los anacardos a fuego medio durante 2-3 minutos; no olvides que la grasa de los anacardos hace que se tuesten rápido.
■ Cuando el arroz esté al punto, verter el perejil y los anacardos, y remover. Sazonar al gusto y servir al momento.

Quinoa con hierbas y alubias

La quinoa es un cereal que se cocina rápido y proporciona una buena base para esta sana ensalada. Para preparar una deliciosa ensalada vegetariana, utiliza cualquier hierba que sea del tiempo.

Tiempo de preparación: **10 minutos** (V)
Tiempo de elaboración: **15 minutos**
Ingredientes: **para 4 personas**

Contiene: **proteína, vitaminas del grupo B, potasio, hierro y vitamina C**

150 g de quinoa
2 cucharadas de perejil picado
1 cucharada de estragón picado u otra hierba
3 chalotas muy picadas
zumo de ½ limón
1 cucharada de aceite de oliva
400 g de alubias de lata enjuagadas y escurridas
pimienta negra al gusto

■ Cocer la quinoa el tiempo que indica el envase y escurrir.
■ Añadir todos los ingredientes en una ensaladera amplia y mezclar bien.
■ Dejar que se enfríe la quinoa y agregarla a la ensaladera.
■ Servir como ensalada de acompañamiento o como plato principal

¿Por qué no...?
Añades a la ensalada algunas semillas de granada para aportar más antioxidantes y darle más color.

Ensalada de semillas de calabaza y trigo bulgur

El estragón aporta un sabor anisado a este sencillo acompañamiento que resulta delicioso con carnes a la brasa o con verduras asadas, y se puede mantener un par de días en la nevera. El trigo bulgur también se conoce como trigo cascado y es fácil de encontrar.

Tiempo de preparación: **5 minutos** (V)
Tiempo de cocción: **10–15 minutos**
Ingredientes: **para 2-3 personas**

Contiene: **fibra, hierro, magnesio, selenio y cinc**

50 g de semillas de calabaza
150 g de trigo bulgur
2 cucharadas de estragón fresco picado
sal y pimienta al gusto

■ Precalentar el horno a 200 °C.
■ Colocar las semillas de calabaza en una bandeja e introducir en el horno durante 8-10 minutos, hasta que estén crujientes. Retirar y dejar enfriar.
■ Colocar el trigo en una cazuela, añadir 500 ml de agua caliente y un puñadito de sal. Tapar y hervir a fuego lento durante 10-15 minutos, o hasta que el trigo esté cocido, momento en que todo el agua debería haberse absorbido. Si es necesario, añadir más agua durante la cocción, y si sobra, se retira.
■ Dejar que el trigo se enfríe y separar los granos con un tenedor.
■ Agregar el estragón y las semillas de calabaza y mezclar.
■ Sazonar al gusto antes de servir.

Risotto con chorizo y setas

Esta receta sencilla utiliza ingredientes comunes para hacer un risotto exquisito. Compra lonchas gruesas de chorizo ibérico y utiliza cualquier tipo de setas.

Tiempo de preparación: **10 minutos**
Tiempo de cocción: **25 minutos**
Ingredientes: **para 2 personas**

Contiene: **vitaminas del grupo B, hierro y proteína**

1 cebolla grande pelada y picada
4 lonchas gruesas de chorizo cortadas en dados
150 g de setas laminadas
150 g de arroz para risotto
400 ml de caldo de verduras
queso parmesano rallado y al gusto

■ Poner la cebolla y el chorizo en una cazuela antiadherente grande, y calentar a fuego lento para que la grasa del chorizo rezume y fría la cebolla. Subir un poco el fuego y sofreír durante 4-5 minutos más, o hasta que la cebolla esté ligeramente dorada.
■ Añadir los champiñones, remover y cocinar durante 2 minutos más. Agregar el arroz y el caldo, y remover bien. Tapar y cocer a fuego lento durante 20-25 minutos, o hasta que el arroz esté al punto.
■ Servir con queso parmesano rallado y una ensalada de espinacas.

¿Por qué no...?
Añades una variedad de ingredientes como pimientos picados, aceitunas deshuesadas, espinacas o garbanzos.

Cuscús con piñones y granada

Por qué comprar el cuscús comercial cuando es tan sencillo de preparar; además, si deseas darle un toque especial, utiliza semillas de granada.

Tiempo de preparación: **5 minutos** (V)
Tiempo de cocción: **10 minutos**
Ingredientes: **para 4 personas**

Contiene: **vitaminas C** y **E**

280 g de cuscús
500 ml de agua hirviendo
1 cucharada de aceite de oliva (opcional)
½ pastilla de caldo de pollo o de verduras
50 g de semillas de granada
2 cucharadas de piñones tostados

■ Colocar la pastilla de caldo en una cazuela con agua hirviendo y aceite, y remover hasta que se haya disuelto.
■ Añadir el cuscús, remover una vez y dejar reposar 10 minutos.
■ Sacudirlo con un tenedor hasta que esté suelto, y esparcir los piñones y las semillas de granada.
■ Puede servirse caliente o frío.

Salteado de arroz con verduras chinas

El salteado es muy sencillo y es una excelente forma de combinar los alimentos que tengas en la nevera; pero para que se cocine rápido, has de preparar todos los ingredientes con antelación. Este salteado se prepara con arroz hervido que puedes cocinar mientras preparas las verduras frescas.

Tiempo de preparación: **10 minutos** (V)
Tiempo de cocción: **5-8 minutos**
Ingredientes: **para 2 personas**

Contiene: **betacaroteno** y **vitamina C**

1-2 cucharadas de aceite de girasol
2 chalotas cortadas en rodajas gruesas
2 ramas de apio cortadas en láminas finas
150 g de pak choi u otra verdura china muy laminada
2 dientes de ajo pelados y majados
2,5 cm de raíz de jengibre rallada
½ pimiento rojo muy laminado
200 g de arroz blanco hervido
2 cucharadas de salsa de soja baja en sodio

■ Calentar 1 cucharada de aceite en un wok y echar las cebollas, el apio y las pak choi. A continuación, saltear removiendo constantemente durante 2 minutos.
■ Agregar el ajo, el jengibre y los pimientos rojos, y saltearlos durante 1 minuto más. Luego añadir el aceite restante y el arroz, y remover durante 1-2 minutos a fuego alto.
■ Rociar con la salsa de soja y servir al momento.

¿Por qué no...?
Añades algunos anacardos al arroz para que el salteado sea más nutritivo, o unos tallos de bambú que aportan un sabor y una textura únicos.

Paella

Si te gusta el arroz, disfrutarás con este sencillo plato que lleva pollo, calamares y gambas; aunque se puede cocinar con gran variedad de carnes y pescados. Si haces este plato con frecuencia, quizá prefieras comprar sazonador de paella. Tradicionalmente, para que el arroz no se pegue, se agita suavemente la paellera en lugar de remover el arroz; de lo contrario, se romperían los granos.

Tiempo de preparación: **20 minutos**
Tiempo de cocción: **25–30 minutos**
Ingredientes: **para 4 personas**

Contiene: **fibra, yodo, proteína** y **vitamina C**

1 cucharada de aceite de oliva
1 cebolla pelada y picada
1 diente de ajo pelado y majado
250 g de pechuga de pollo cortada en dados
1 pimiento rojo laminado
2 tomates grandes pelados y picados
½ cucharadita de hebras de azafrán molido
1 cucharadita de pimentón
200 g de arroz de grano medio
450 ml de caldo de pollo
100 g de calamar cortado en tiras
100 g de gambas previamente descongeladas
150 g de guisantes congelados

■ Calentar el aceite de oliva en una paellera y rehogar la cebolla a fuego lento durante 5 minutos. Añadir el ajo y el pollo, y cocinar durante 10 minutos.
■ Agregar el pimiento y los tomates, y remover bien. Echar el azafrán, el pimentón y el arroz, y cocer durante 1-2 minutos más removiendo constantemente. A continuación, verter el caldo de pollo, remover una vez más y hervir a fuego lento durante 15 minutos.
■ Añadir el calamar, las gambas y los guisantes, y cocer durante 5-10 minutos hasta que el arroz esté al punto; si es necesario, añadir un poco más de agua. Servir al momento.

frutas energéticas

Batido de frambuesas y yogur

Las frambuesas frescas son deliciosas como batido y complementan la cremosidad del yogur rico en calcio. Si no te molestan las semillas, no tamices las frambuesas e ingerirás más fibra.

Tiempo de preparación: **5 minutos** (v)
Ingredientes: **para 1 persona**

Contiene: **calcio, folatos, riboflavina** y **vitaminas B y C**

*100 g de frambuesas frescas
 o congeladas*
3 cucharadas de yogur natural
1 cucharadita de miel
1 cucharadita de azúcar caster
100 ml de leche descremada

■ Pasar las frambuesas por la batidora hasta conseguir un puré; si prefieres retirar las semillas, tamízalo.
■ Mezclar el resto de ingredientes con la frambuesa y batir hasta que quede una textura suave. Verter en un vaso y beber al momento.

Batido de melón y fresas,
zumo de pera, manzana y uva,
zumo de zanahoria, manzana y lima

Batido de melón y fresas

Un batido rápido de preparar para desayunar y empezar el día con energía.

Tiempo de preparación: **5 minutos**
Ingredientes: **para 1 persona**

Contiene: **calcio** y **vitaminas del grupo B y C**

½ melón galia cortado en pedazos
100 g de fresas
½ plátano cortado en trozos
2 cucharadas de yogur natural
½ cucharadita de azúcar caster

■ Pasar por la batidora el melón, las fresas y el plátano hasta conseguir una textura cremosa.
■ Añadir el yogur y el azúcar, y batir de nuevo hasta que esté bien mezclado. Verter en un vaso y beber al momento.

Batido de plátano y almendras

Este batido te encantará y te saciará. La mezcla de almendras y plátano gusta mucho; pero si no es tu caso, puedes cambiar las almendras por *½* cucharadita de esencia de vainilla.

Tiempo de preparación: **2 minutos**
Ingredientes: **para 1 persona**

Contiene: **calcio, potasio, fibra** y **vitamina B$_2$**

1 plátano pequeño cortado en trozos
125 ml de leche semidescremada
1 cucharadita de azúcar
1 cucharada de yogur natural

1 cucharadita de almendras picadas
y ligeramente tostadas
½ cucharada de esencia de almendra

■ Procesar en la batidora todos los ingredientes hasta conseguir una consistencia suave.
■ Verter en un vaso y beber al momento.

Zumo de zanahoria, manzana y lima

La dulzura de este zumo se contrarresta con la acidez de la lima, resulta refrescante en cualquier momento del día y es extraordinario como reconstituyente después del trabajo. Si no tienes mucha hambre, es una forma suculenta de almacenar vitamina C.

Tiempo de preparación: **5 minutos**
Ingredientes: **para 1-2 personas**

Contiene: **betacaroteno** y **vitamina C**

2 manzanas cortadas en pedazos
3 zanahorias medianas peladas
y cortadas en pedazos
zumo de 1 lima

■ Pasar todos los ingredientes por la licuadora y remover para mezclar.
■ Verter en un vaso y beber al momento.

Zumo de pera, manzana y uva

Tiempo de preparación: **5 minutos**
Ingredientes: **para 1-2 personas**

Contiene: **vitamina C**

1 pera de agua cortada en pedazos
1 manzana cortada en pedazos
90 g de uvas amarillas sin pepitas

■ Licuar todos los ingredientes y remover para mezclar.
■ Verter en un vaso y beber al momento.

Zumo de melón y naranja

Prueba este zumo durante el período de lactancia materna: es excelente para quitar la sed, y te irá bien durante las primeras semanas posteriores al parto.

Tiempo de preparación: **5 minutos**
Ingredientes: **para 1 persona**

Contiene: **betacaroteno** y **vitamina C**

½ melón galia cortado en pedazos
1 naranja grande pelada y cortada en
trozos
zumo de ½ lima
algunas semillas secas de melón

■ Pasar por la batidora el melón, la naranja, el zumo de lima y las semillas de melón (opcional), remover y mezclar.
■ Verter en un vaso y beber al momento.

Batido de leche con fresas

Este es un desayuno perfecto si no dispones de mucho tiempo, y si no tamizas las semillas, disfrutarás de los beneficios de la fibra.

Tiempo de preparación: **2 minutos**   (v)
Ingredientes: **para 1 persona**

Contiene: **calcio, fibra** y **vitaminas B₂ y C**

100 g de fresas
150 ml de leche semidescremada
1 cucharadita de azúcar caster

■ Procesar todos los ingredientes en la batidora, remover y mezclar.
■ Verter en un vaso y beber al momento.

Refresco energético de mango y papaya

Prepáralo para desayunar o para cuando necesites una ingesta rápida de energía.

Tiempo de preparación: **5 minutos**   (v)
Ingredientes: **para 1 persona**

Contiene: **betacaroteno** y **vitamina C**

150 ml de zumo de manzana frío
½ papaya cortada en dados
1 mango pequeño cortado en dados

■ Pasar por la batidora el zumo de manzana, la papaya y el mango, remover y mezclar.
■ Verter en un vaso y beber al momento.

Batido de granada y frambuesas

Este refrescante batido contiene fitonutrientes vitales y es sensacional en días de calor.

Tiempo de preparación: **5 minutos**   (v)
Ingredientes: **para 1 persona**

Contiene: **vitamina C** y **fitonutrientes**

50 g de sorbete de frambuesa
150 ml de zumo de granada
1 cucharadita de semillas de granada

■ Pasar por la batidora el sorbete de frambuesa y el zumo de granada, remover y mezclar.
■ Verter en un vaso y espolvorear las semillas de granada. Beber al momento.

Refresco energético de mango y papaya

PLATOS PRINCIPALES

vegetarianos · pescados · aves y carnes

vegetarianos

Setas rellenas de queso y nueces

Este plato vegetariano se puede preparar con antelación y cocinar en el momento de comer.

Tiempo de preparación: **10 minutos** Ⓥ
Tiempo de cocción: **20 minutos**
Ingredientes: **para 2 personas**

Contiene: **vitaminas B₁, B₃, B₆, A y E**

2 setas grandes o 4 medianas lavadas
*   y con el tallo cortado*
1 cucharadita de aceite de oliva
1 cebolla pequeña muy picada
1 diente de ajo majado
2 tomates secos

150 g de tomates cherry partidos por
*   la mitad*
1 cucharada de perejil picado
1 cucharada salsa de tomate
30 g de nueces picadas
75 g de queso feta

■ Precalentar el horno a 180 ºC.
■ Calentar el aceite y dorar la cebolla y el ajo a fuego lento.
■ Añadir los tomates y las hierbas y rehogar a fuego lento, removiendo constantemente, hasta que los alimentos estén blandos.
■ Retirar del fuego y agregar las nueces.
■ Poner las setas del revés en una bandeja refractaria, previamente engrasada de aceite.
■ Rellenar los sombreretes y desmenuzar el queso por encima. Cubrir la bandeja con papel de aluminio y hornear durante 20-25 minutos.
■ Retirar el papel y hornear de nuevo durante otros 5-10 minutos.
■ Servir al momento con cuscús o con arroz y ensalada.

Ensalada de lentejas y arroz salvaje

Esta ensalada es nutritiva, y si has de comer fuera de casa, es fácil de llevar.

Tiempo de preparación: **10 minutos** Ⓥ
Tiempo de cocción: **20 minutos**
Ingredientes: **para 2-3 personas**

Contiene: **fibra, hierro, cinc, cobre, selenio y vitaminas B₁, B₃, B₆**

100 g de arroz salvaje
200 g de lentejas cocidas o de lata
*   enjuagadas y escurridas*
2 cucharadas de aliño de ensalada al
*   gusto (véase p. 112)*
1 cucharada de perejil fresco picado
1 cucharada de semillas de comino
*   tostadas (opcional)*
1 rama de apio
10 tomates cherry
2 cucharadas de semillas de calabaza
*   tostadas*
unas hojas de rúcula

■ Cocinar el arroz al punto, escurrir y dejar que se enfríe.
■ Mezclarlo con las lentejas, el aliño y el perejil.
■ Espolvorear las semillas de comino y remover.
■ Cortar el apio en dados, partir los tomates cherry por la mitad y mezclar con la ensalada.
■ Colocar algunas hojas de rúcula en una ensaladera, poner el arroz y las lentejas, y espolvorear las semillas de calabaza.

Boniato y calabacín al horno

Esta sencilla receta puede servirse como acompañamiento o como plato principal. Y como puede cocerse a diferentes temperaturas, puedes aprovechar y cocinar otro plato durante el mismo tiempo.

Tiempo de preparación: **5-10 minutos** ⓥ
Tiempo de cocción: **50 minutos**
Ingredientes: **para 2 personas**

Contiene: **betacaroteno, fibra** y **vitamina C**

650 g de calabacín pelado y cortado en dados
250 g de boniato pelado y cortado en dados
1 diente de ajo pelado y majado
1 cucharada de tomillo fresco picado
1 cucharada de aceite de oliva
100 g de almendras
sal y pimienta al gusto

■ Precalentar el horno a 200 ºC.
■ Poner el calabacín y el boniato en una bandeja de asar y echar por encima el ajo, el tomillo y el aceite. Sazonar bien, cubrir con papel de aluminio y cocer durante 30 minutos.
■ Añadir las almendras y remover. Hornear sin cubrir durante otros 15-20 minutos, o hasta que la parte superior quede ligeramente dorada.

Pastel de espinacas y ricotta

Este pastel es ideal para almuerzos, cenas y comidas al aire libre. Además, puedes cocinarlo con antelación, y conservarlo tapado en la nevera un par de días o congelarlo. Las semillas de alcaravea proporcionan a este plato un sabor especial; si usas un recipiente de metal en lugar de uno de barro, el pastel estará más crujiente.

Pastel de espinacas y ricotta

Tiempo de preparación: **20 minutos** ⓥ
Tiempo de cocción: **45 minutos**
Ingredientes: **para 6 personas**

Contiene: **calcio, fibra, folatos, hierro, vitaminas A y C**

75 g de harina integral
75 g de harina normal
1 cucharadita de semillas de alcaravea
75 g de grasa blanca poliinsaturada
60 m de agua fría
1 cucharada de aceite de oliva
1 cebolla pelada y muy picada
2 huevos grandes
250 g de ricotta
1 cucharadita de nuez moscada molida
300 g de espinacas cortadas, previamente descongeladas y escurridas
75 g de queso cheddar rallado
2 cucharadas de salsa de tomates secos
pimienta negra al gusto

■ Precalentar el horno a 200 ºC.
■ Mezclar la harina y las semillas de alcaravea en un cuenco. Con los dedos, mezclarlo con la grasa hasta obtener la textura de las migas. A continuación, verter suficiente agua para conseguir una masa suave y amasar ligeramente durante 1-2 minutos. Colocar en una bolsa de plástico e introducir en la nevera; mientras tanto, preparar el relleno.
■ Calentar el aceite en una sartén y dorar la cebolla a fuego lento durante 5 minutos, o hasta que esté tierna. Retirar y dejar que se enfríe.
■ Batir los huevos con el queso y con la nuez moscada, y añadir las espinacas y 50 g de queso cheddar. Sazonar con la pimienta y remover.
■ Extender la masa en un recipiente metálico de 23 cm.
■ Disponer el tomate sobre la masa, repartir la cebolla, poner la mezcla de las espinacas y espolvorear el queso restante. Hornear durante 45 minutos o hasta que la masa esté crujiente.

Crepes de aguacate y pimiento rojo

Es un plato rápido y sencillo de preparar. Con estos ingredientes se obtienen de 8 a 10 crepes; por tanto, puedes congelar algunas. Solo has de poner la crepe en un papel para que absorba la grasa, y envolverlo en plástico transparente para congelar.

Tiempo de preparación: **5 minutos** ⓥ
Tiempo de cocción: **10–15 minutos**
Ingredientes: **para 2 personas**

Contiene: **calcio, proteína** y **vitaminas B₁, C** y **D**

Relleno
1 aguacate maduro pelado y cortado en pedacitos
zumo de 1 limón o lima
1 pimiento rojo sin semillas y picado
100 g de queso feta
pimienta negra al gusto
hierbas frescas al gusto

Crepes
50 g de harina normal
50 g de harina integral o trigo sarraceno
1 huevo grande
1 cucharadita de aceite de oliva
300 ml de leche semidescremada
aceite vegetal para freír

■ Primero se prepara el relleno. Rociar el limón o la lima en el aguacate, mezclar con el pimiento rojo y con el queso feta, moler pimienta negra y esparcir las hierbas.

■ Para preparar las crepes, procesar todos los ingredientes en un robot de cocina; o bien colocar la harina en un recipiente, añadir los huevos, rociar el aceite de oliva y verter la leche de forma gradual, batiendo constantemente.

■ Calentar el aceite vegetal en una sartén de 20 cm, y echar la masa y removerla para asegurarse de que está bien esparcida por la base de la sartén. Cuando empiece a hacer burbujas, dar la vuelta para que se haga y se dore por los dos lados.
■ Retirar de la sartén y repetir la operación hasta terminar la masa. Mantener las crepes tapadas en un plato para que conserven el calor. Ponerlas encima de papel de cocina para que absorba la grasa y cubrir con papel vegetal para mantenerlas separadas.
■ Colocar la mezcla del aguacate en el centro de cada crepe, enrollar y servir.

¿Por qué no...?

Usas otros ingredientes. Se puede utilizar casi cualquier alimento. Las salsas de las páginas 65-66 son rellenos deliciosos; o combina 250 g de queso cottage con 50 g de dátiles picados y 1 zanahoria rallada. Y si deseas proporcionarle un sabor exótico, añádele una cucharadita de semillas de comino tostadas.

Roulade de queso tibio

Tiempo de preparación: **15 minutos** (V)
Tiempo de cocción: **25 minutos**
Ingredientes: **para 2 personas si es plato principal y para 4 personas si es acompañamiento.**

Contiene: **calcio**, **proteína** y **vitaminas A, B₂ y C**

aceite de girasol para engrasar
250 g de tomates cherry partidos por la mitad
1 cucharada de aceite de oliva
4 huevos grandes
50 g de queso cheddar rallado
50 g de almendras picadas
1 cucharada de queso fresco parmesano rallado
1 cucharada de cebollino fresco picado
sal y pimienta negra para sazonar

■ Precalentar el horno a 220 °C.
■ Revestir una bandeja de 22 x 30 con papel vegetal y engrasar con aceite de girasol.
■ Colocar los tomates en una bandeja refractaria, rociar el aceite de oliva y hornear durante 20-25 minutos. Retirar y dejar que se enfríen durante 1-2 minutos, y sazonar.
■ Batir los huevos hasta que estén ligeros y esponjosos, y añadir el queso cheddar y las almendras. Echar la mezcla en la bandeja, previamente engrasada, y hornear durante 15 minutos, o hasta que la mezcla esté cocinada y ligera al tacto.
■ Mientras tanto, colocar una hoja de papel vegetal en una encimera y espolvorear el queso parmesano. Cuando tengamos la mezcla, volcarla sobre el queso espolvoreado, retirar la bandeja y dejar la mezcla durante 2 minutos. A continuación, retirar el papel con cuidado.
■ Esparcir uniformemente los tomates y echar los cebollinos. Usar el papel del queso para ayudarte a enrollar la roulade; con cuidado, colocarla en un plato. Servir al momento.

Guiso de alubias pintas y setas

Las alubias pintas son muy ricas en folatos; por tanto, es un buen plato vegetariano. Y las setas contienen hierro, del que, a diferencia de lo que sucede con el hierro presente en la mayoría de los alimentos de origen vegetal, el organismo dispone con facilidad ya que no está ligado a fitatos u otros compuestos. Para obtener una comida gustosa y que sacie, servir con cuscús con piñones y granada (véase p. 77) o con arroz hervido.

Tiempo de preparación: **10 minutos** (V)
Tiempo de cocción: **25-30 minutos**
Ingredientes: **para 4 personas**

Contiene: **vitaminas del grupo B, fibras, folatos, hierro** y **proteína**

1 cucharadita de aceite de oliva
1 cebolla pelada y muy picada
1 cucharadita de cilantro picado
150 g de diversas setas laminadas
400 g de alubias pintas de lata enjuagadas y escurridas
3 ramas grandes de romero fresco
200 ml de agua o de caldo de verduras
sal y pimienta negra al gusto

■ Calentar el aceite en una cazuela y dorar la cebolla a fuego lento durante 5 minutos.
■ Añadir el cilantro, las setas, las alubias y el romero. Remover, tapar y cocer a fuego lento otros 5-10 minutos.
■ Verter el agua o el caldo y hervir durante 20-30 minutos, hasta que las verduras estén suculentas y blandas. Sazonar al gusto.

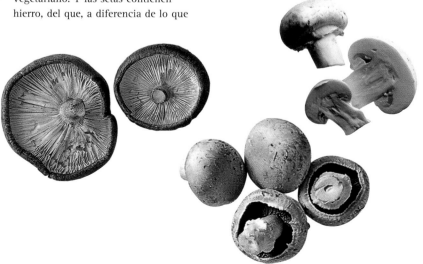

Verduras asadas con tofu

Verduras asadas con tofu

Este plato es muy versátil, ya que se puede usar casi cualquier ingrediente; además, el tofu aporta proteínas.

Tiempo de preparación: **10 minutos** (v)
Tiempo de cocción: **35 minutos**
Ingredientes: **para 2 personas**

Contiene: **betacaroteno, fibra, proteína** y **vitamina C**

200 g de tofu cortado a dados
1 cebolla roja pequeña pelada y cortada
  en rodajas
1 pimiento rojo cortado en pedazos
1 calabacín cortado en rodajas
2 berenjenas pequeñas partidas por la
  mitad
1 zanahoria pequeña pelada y cortada
  en tiras finas
2 cucharadas de aceite de oliva
unas ramas de tomillo fresco
sal y pimienta al gusto

■ Precalentar el horno a 200 ºC.
■ Poner el tofu y las verduras en una bandeja grande, rociar el aceite de oliva, añadir el tomillo y sazonar bien.
■ Asar durante 35-40 minutos, o hasta que las verduras tengan los extremos dorados y estén tiernas. Servir con ensalada de semillas de calabaza y trigo bulgur (véase p. 76) o con cuscús con piñones y granada (véase p. 77).

¿Por qué no...?
Lo procesas en un robot de cocina y preparas un puré para hacer una deliciosa salsa.

Gratinado de brécol, puerro e hinojo

Este plato sencillo, sabroso, y rico en vitamina C y calcio es ideal en cualquier período del embarazo. La salsa de queso se prepara sin añadir grasas, y para conseguir más sabor, usa queso cheddar curado.

Tiempo de preparación: **15 minutos** (v)
Tiempo de cocción: **20-25 minutos**
Ingredientes: **para 4 personas**

Contiene: **betacaroteno, calcio, fibra** y **vitaminas B$_2$ y C**

4 puerros pequeños cortados por la mitad
4 ramilletes de brécol grandes cortados
  por la mitad
½ bulbo de hinojo cortado a lo largo
25 g de harina
450 ml de leche semidescremada
2 cucharaditas de mostaza
75 g de queso cheddar curado
1 rebanada gruesa de pan rallado
1 cucharada de almendras sin piel

■ Calentar el gratinador al máximo.
■ Cocer las verduras al vapor durante 5 minutos y retirar del fuego.
■ Poner la harina y la leche en una cazuela, y batir poco a poco sin calor. Luego calentar a fuego lento hasta que hierva, removiendo constantemente. Retirar del fuego, añadir la mostaza y dos terceras partes del queso, y remover.
■ Colocar las verduras en una bandeja de gratinar poco profunda, cubrirlas con la salsa de queso, espolvorear el pan rallado y el queso restante, y decorar con las almendras. Poner en la parrilla del horno durante 5 minutos, o hasta que esté ligeramente dorado. Servir al momento.

Tarta de calabaza y tofu

Este plato vegetariano es muy sencillo de preparar y lleva tofu, que es una fuente extraordinaria de hierro y calcio.

Tiempo de preparación: **15 minutos** (v)
Tiempo de cocción: **45 minutos**
Ingredientes: **4-6 personas**

Contiene: **calcio, hierro** y **betacaroteno**

1.375 g de pasta quebrada
1 cucharada de aceite de oliva
1 cebolla roja muy picada
1 calabacín grande
1.400 g de puré de calabaza
125 g de tofu cortado en trozos
1 cucharadita de tomillo

■ Precalentar el horno a 200 ºC.
■ Extender la masa, de modo que cubra un molde redondo de unos 20 cm. Verter el aceite en una cazuela y dorar la cebolla.
■ Mientras tanto, cortar el calabacín a tiras finas alargadas, agregar a la cazuela y dorar a fuego lento durante 5 minutos.
■ En un recipiente amplio mezclar el puré de calabaza con el tofu y añadir las verduras y el tomillo.
■ Extender la mezcla sobre la masa y hornear durante 30-40 minutos.
■ Se puede servir caliente o a temperatura ambiente.

¿Por qué no...?
Añades unos tomates secos y albahaca fresca.

Verduras cremosas al curry

En este sabroso plato la coliflor y el calabacín combinan muy bien con las especias, y la leche de coco suaviza los sabores. Si prefieres un toque picante, añade una guindilla pequeña, pero es opcional.

Tiempo de preparación: **10 minutos**
Tiempo de cocción: **30 minutos** (v)
Ingredientes: **para 2 personas**

Contenido: **betacaroteno, fibra, vitaminas C y E**

1 cucharada de aceite de girasol
1 cebolla pelada y cortada en trozos
1 diente de ajo pelado y majado
2,5 cm de raíz de jengibre rallada
1 cucharadilla de cilantro picado
1 cucharadita de cúrcuma
1 cucharadita de comino molido
guindilla (opcional)
6 ramilletes de coliflor lavados y partidos
*   por la mitad*
50 g de judías verdes extrafinas retirados
*   los extremos y partidas por la mitad*
½ calabaza pelada y cortada en dados
400 ml de leche de coco

■ Calentar el aceite en una sartén, y dorar la cebolla y el ajo a fuego lento durante 5 minutos hasta que estén tiernas. Añadir el jengibre y las especias y cocinar durante 1-2 minutos más.
■ Agregar la coliflor, las judías y la calabaza, y remover hasta que queden cubiertas con las especias. Verter la leche de coco, remover, tapar, y hervir a fuego lento durante unos 25-30 minutos.

pescado

Bacalao con almendras en papillote

Para preparar esta sencilla receta en la que se envuelve el pescado en papel de aluminio, se puede utilizar cualquier pescado blanco.

Tiempo de preparación: **10 minutos**
Tiempo de cocción: **20 minutos**
Ingredientes: **para 2 personas**

Contiene: **selenio, yodo** y **vitaminas B$_1$, B$_3$, B$_6$ y B$_{12}$**

2 filetes de lomo de bacalao (aprox. 170 g cada uno)
zumo de ½ limón
25 g de almendras sin piel
1 cucharada de tomates secos en aceite escurridos
2 cucharaditas de perejil picado
unas hojas de albahaca
10 g de mantequilla

■ Precalentar el horno a 160 ºC.
■ Rociar ligeramente con aceite dos hojas de papel de aluminio.
■ Colocar un filete de bacalao en el centro de una de las hojas.
■ Verter la mitad del zumo de limón y echar la mitad de las almendras, de los tomates y de las hierbas.
■ Salpicar con un poco de mantequilla y cerrar los papillotes formando una bolsita hermética.

■ Repetir la operación con el resto de ingredientes.
■ Poner en el horno y cocer durante 20 minutos.
■ Servir al momento con patatas nuevas y verduras del tiempo.

Ensalada de gambas y guisantes con pomelo rojo

Esta ensalada refrescante contiene diversos sabores que combinan muy bien con las gambas. Si deseas un almuerzo ligero, acompáñala con pan integral.

Tiempo de preparación: **10 minutos**
Tiempo de cocción: **5 minutos**
Ingredientes: **para 2 personas**

Contiene: **selenio, cinc** y **vitaminas B$_1$, B$_3$, B$_{12}$ y C**

Canónigos u hojas de ensalada de sabor suave
250 g de gambas grandes cocidas y peladas
100 g de guisantes
1 pomelo rojo cortado en gajos
2 cebollas rojas cortadas en rodajas

Aliño
2 cucharaditas de vinagre de vino blanco
1 cucharada de miel
2 cm de jengibre rallado
2 cucharadas de cilantro picado
pimienta negra

■ Hervir los guisantes hasta que estén cocidos y sumergirlos rápidamente en agua fría.
■ Poner los ingredientes del aliño en un recipiente tapado y mezclar.
■ Repartir los ingredientes de la ensalada en dos fuentes.
■ Rociar el aliño y servir al momento.

Hierbas

Si deseas aportar más sabor al pescado a la brasa, añade hierbas frescas picadas.

halibut con romero
salmón con rúcula
atún con albahaca
caballa con menta

Pastel cremoso de pescado

Este sencillo pastel usa diversos pescados para proporcionar los nutrientes necesarios a la dieta, aunque se puede preparar con cualquier pescado blanco. Sin embargo, el abadejo es muy rico en vitamina B_6, ideal durante el período pregestacional y el embarazo. Si añades huevos al puré de patatas, aumentarás el aporte proteico y conseguirás una agradable capa dorada.

Tiempo de preparación: **20 minutos**
Tiempo de cocción: **30 minutos**
Ingredientes: **para 4 personas**

Contiene: **calcio, yodo, proteína** y **vitaminas B_2, B_6 y C**

800 g de patatas peladas y cortadas
500 m de leche semidescremada
350 g de abadejo sin piel y cortado
  en dados
150 g de calamar cortado en tiras
la parte blanca de 1 puerro cortada
  en láminas
3 hojas de laurel
120 g de gambas, previamente
  descongeladas
20 g de mantequilla
1 cucharada de harina
1 huevo batido
1 nuez de mantequilla o de margarina
  de girasol
sal y pimienta al gusto

■ Precalentar el horno a 180 ºC.
■ Colocar en una olla agua con sal, cocer las patatas durante unos 15-20 minutos y escurrirlas.
■ Poner la leche en una cazuela mediana y calentar a fuego lento. Añadir el abadejo, el calamar, el puerro y las hojas de laurel, y cocer a fuego lento durante 10 minutos. Luego retirar con una espumadera los ingredientes y colocarlos en una bandeja de 20 x 20 cm engrasada previamente, reservar la leche y quitar las hojas de laurel.
■ Fundir la mantequilla en un cazo y agregar la harina removiendo durante 1 minuto. Verter poco a poco la leche y remover constantemente hasta que espese. Sazonar al gusto, y verter encima del pescado.
■ Chafar las patatas, y batirlas con el huevo y con la mantequilla.
■ Extender el puré sobre el pescado y hornear durante 30 minutos, hasta obtener un color dorado.

Salmón con especias al estilo tai

En esta receta hay una mezcla de deliciosos sabores, y además de ser muy sabrosa, os beneficia a ti y a tu bebé. Si prefieres un toque picante, añade una guindilla; y si te apetece más suave, usa chile verde.

Tiempo de preparación: **5 minutos**
Tiempo de cocción: **15-20 minutos**
Ingredientes: **para 2 personas**

Contiene: **yodo, fibra, ácidos grasos omega 3, proteína** y **vitamina C**

2 filetes de salmón sin piel
1 tallo de limoncillo cortado en tiras
1 guindilla o chile verde sin semillas
  y finamente picado
piel rallada y zumo de 1 limón
1 chalota cortada a rodajas
1 diente de ajo pelado y majado
1 nuez de mantequilla
1 cucharada de cilantro fresco picado
pimienta negra al gusto

■ Precalentar el horno a 190 ºC.
■ Colocar los filetes de salmón en una bandeja.
■ Echar el limoncillo, el chile, la piel del limón, la cebolla y el ajo, y verter el zumo de limón. Poner un poco de mantequilla encima de cada filete, y moler un poco de pimienta negra.
■ Cubrir y hornear durante 15 minutos, verter sobre los filetes los jugos del pescado y cocer sin cubrir 5 minutos. Echar el cilantro, moler un poco de pimienta negra y servir con arroz, hortalizas de hoja verde y maíz dulce.

Salmón con especias al estilo tai

Acompañamientos para el pescado

En menos de diez minutos puedes cocinar un filete de atún o de salmón a la plancha, y si lo sirves con una ensalada abundante y un panecillo, obtendrás una comida muy nutritiva. O si prefieres, puedes preparar una rápida brocheta de bacalao o de rape con pimientos y calabacines.
A continuación, presentamos algunas ideas para preparar buenos acompañamientos con un sabor diferente:

Salsa de cangrejo y eneldo
Mezclar 125 g de palitos de cangrejo con 100 ml de nata líquida descremada, 1 cucharada de eneldo picado y el zumo de ½ limón. Esta salsa es muy recomendable con pescado blanco a la plancha o con pasteles de pescado.

Salsa dulce y picante
Mezclar 1 cucharadita de salsa de tomate con 1 cucharadita de miel, 1 cucharadita de harina de maíz, ½ cucharadita de tabasco, 2 cucharaditas de vinagre de vino, 1 cuchara de jengibre molido y 2 dientes de ajo pequeños majados. Verter 150 ml de agua, remover y calentar a fuego lento hasta que espese, retirar del fuego y dejar que se enfríe. Servir con pescado blanco o brocheta de pescado a la plancha, o para cubrir gambas o lomos de pescado.

Mantequilla de alcachofas y alcaparras
Freír media cebolla en 1 cucharada de mantequilla hasta que esté translúcida. A continuación, añadir las alcachofas previamente cortadas, 1 cucharadita de alcaparras y la piel rallada de 1 lima. Dejar que se enfríe, y servir con pescado o con gambas a la plancha o a la brasa.

Ensalada de pepino y pimiento amarillo
Pelar y cortar finamente un pepino y 1 pimiento amarillo. Espolvorear 1 cucharadita de azúcar de caña grueso y añadir 2 cucharaditas de tomillo u otra hierba similar. Dejar que se enfríe y servir con filetes de atún y de salmón a la plancha.

Salmón con corteza al estragón

El salmón envuelto en pasta filo es un primer plato excelente para disfrutar con toda la familia. Este pescado es una buena fuente de ácidos grasos esenciales, de modo que debería formar parte de la dieta durante la gestación. Si es posible, compra filetes gruesos, o dos filetes finos puesto uno encima del otro y cortados por la mitad.

Tiempo de preparación: **15 minutos**
Tiempo de cocción: **20 minutos**
Ingredientes: **para 4 personas**

Contiene: **yodo, ácidos grasos omega 3, proteína,** y **vitaminas A, C y D**

4 cucharaditas de ricotta
piel rallada y zumo de 2 limas
2 cucharadas de estragón fresco picado
4 filetes gruesos de salmón
8 hojuelas de pasta filo
aceite de girasol para engrasar
pimienta negra al gusto

■ Precalentar el horno a 190 ºC.
■ Mezclar el queso con el estragón y con la piel de la lima.
■ Con cuidado hacer un corte horizontal en cada filete y rellenarlo con el queso.
■ Colocar una lámina de pasta filo en la encimera de la cocina y engrasar con aceite. Poner en el centro un filete de salmón, verter un poco de zumo de lima y sazonar con pimienta negra. Envolver el salmón con la pasta y cerrar. Engrasar ligeramente otra lámina de pasta con aceite, pasar el envoltorio y cerrar.
■ Colocar el paquete en una bandeja y repetir el proceso con el resto de láminas.
■ Poner la bandeja en el horno y cocinar 20 minutos, o hasta que la pasta esté dorada.

Brochetas de pescado con salsa de coco

El rape es ideal para este plato de inspiración tailandesa, y además, se puede añadir naranja amarga. Las brochetas se han de especiar con guindillas; un condimento que los herboristas creen que estimula el apetito, aumenta el riego sanguíneo y palía los problemas digestivos.

Tiempo de preparación: **5 minutos**
Tiempo de marinado: **30 minutos**
Tiempo de cocción: **10 minutos**
Ingredientes: **para 4 personas**

Contiene: **betacaroteno, yodo, proteína** y **vitamina C**

1 cucharadita de semillas de cilantro
1 cucharadita de semillas de comino
1 tallo de limoncillo cortado en juliana fina
2 dientes de ajo pelados
1 guindilla partida por la mitad y sin semillas (opcional)
50 g de cilantro fresco
200 ml de crema de coco
4 filetes de rape de 140 gr, sin piel y cortados en pedazos grandes
1 pimiento rojo cortado en dados
1 pimiento amarillo cortado en dados

■ Colocar las semillas de cilantro y de comino en una cazuela con una base amplia, y calentar a fuego lento durante 1 minuto. Retirar del fuego y colocar en un robot de cocina.

■ Añadir el limoncillo, el ajo, la guindilla, el cilantro y la crema de coco, y batir hasta conseguir una textura homogénea.

■ Colocar el pescado en una fuente amplia, verter la marinada, cubrir y marinar en la nevera como mínimo 30 minutos.

■ Mientras tanto, calentar la plancha al máximo y ensartar el pescado en 4 brochetas de metal largas, alternándolo con los dados de pimiento rojo y amarillo.

■ Hacer las brochetas a la plancha durante 10 minutos, girándolas de vez en cuando. Servir con arroz y con ensalada verde tibia (véase p. 110).

Atún a la lima con corteza de hierbas

El atún fresco es una fuente excelente de ácidos grasos omega 3 y puedes ingerir hasta dos filetes semanales, siempre y cuando crudos no pesen más de 170 g.

Tiempo de preparación: **5 minutos**
Tiempo de marinado: **30 minutos**
Tiempo de cocción: **20 minutos**
Ingredientes: **para 2 personas**

Contiene: **ácidos grasos omega 3, selenio, yodo y vitaminas B$_1$, B$_3$, B$_6$ y B$_{12}$**

2 filetes de atún, de 170 g cada uno
1 diente de ajo majado
zumo de $^1/_2$ lima
1 rebanada de pan de cereales
25 g de tomates secos escurridos
 y picados
20 g de rúcula
6 hojas de albahaca partidas
1 huevo batido
pimienta negra

Aliño
1 cucharada de crema agria
1 cucharada de yogur descremado
1 cucharadita de piel de lima rallada
1 cucharadita de zumo de lima
pimienta negra

■ Mezclar el atún con el ajo y el zumo de lima, y marinar en la nevera durante 30 minutos.
■ Precalentar el horno a 180 ºC. Pasar a un robot de cocina el pan, los tomates, la rúcula y la albahaca hasta conseguir una especie de pan rallado.
■ Poner el huevo batido en un plato amplio, y el pan rallado en otro, y rebozar el atún.
■ Rociar el aceite en una bandeja, colocar el atún y hornear durante 20-25 minutos.
■ Mientras tanto, preparar el aliño mezclando la lima con el yogur y con la crema agria.

■ Servir al momento con una ensalada de berros y papaya (véase p. 109) y patatas nuevas.

Caballa cubierta de avena con salsa de frambuesa

Tiempo de preparación: **15 minutos**
Tiempo de cocción: **20-25 minutos**
Ingredientes: **para 4 personas**

Contiene: **fibra, ácidos grasos omega 3, proteína, vitaminas A, C y D**

4 caballas frescas fileteadas
zumo de 1 limón grande
4 cucharadas de perejil muy picado
1 huevo batido
3-4 cucharadas de hojuelas de avena
pimienta negra

Salsa
200 g de frambuesas
1 cucharada de azúcar caster
1 cucharada de vinagre de vino tinto

■ Precalentar el horno a 180 ºC.
■ Para preparar la salsa, mezclar las frambuesas con el azúcar en un cazo y calentar durante unos minutos, hasta que las frambuesas estén blandas. Verter el vinagre, remover y retirar del fuego para que se enfríe.
■ Abrir el pescado, verter en el interior el zumo de limón y espolvorear con el perejil.
■ Echar el huevo batido en un plato amplio, y la avena con pimienta molida en otro, y rebozar la caballa.
■ Poner el pescado en una bandeja engrasada y hornear durante 20-25 minutos, hasta que la avena esté dorada.
■ Esparcir la salsa alrededor del pescado y servir.

Kedgeree con caballa ahumada

Concebido como desayuno, este plato especiado contiene caballa rica en aceites esenciales; por tanto, es un plato ideal para cualquier momento del día. Si cocinas mucha cantidad, puedes reservarlo (sin el huevo) en la nevera un día y estará más sabroso.

Tiempo de preparación: **10 minutos**
Tiempo de cocción: **35-40 minutos**
Ingredientes: **para 2 personas**

Contiene: **hierro, ácidos grasos omega 3, proteína y vitaminas A y D**

1 cucharadita de aceite de girasol
1 cebolla pelada y muy picada
1 cucharadita de comino molido
1 cucharadita de cúrcuma molida
1 cucharadita de cilantro picado
$^1/_2$ cucharadita de chile suave en polvo
150 g de arroz integral
400 ml de agua
2 huevos hervidos
2 filetes pequeños de caballa ahumada
sal y pimienta al gusto
perejil fresco picado para decorar

■ Calentar el aceite en una cazuela grande y dorar la cebolla a fuego lento durante 4-5 minutos. Añadir las especias, remover y cocinar durante 1-2 minutos más. A continuación, agregar el arroz y el agua, remover, tapar y cocer a fuego lento durante 25-30 minutos.
■ Mientras tanto, pelar el huevo y laminarlo, y retirar la piel de los filetes de caballa.
■ Cuando falten pocos minutos para que el arroz esté cocido, añadir la caballa y mezclar hasta que esté bien caliente. Sazonar al gusto, y servir decorado con el huevo y con mucho perejil.

aves y carnes

Pollo mexicano en salsa de chocolate

Este plato mexicano, poco común, no está inspirado en la salsa de chocolate espesa, sino en la salsa de chocolate negro nutritiva, ligera y especiada. Si lo acompañas con puré de patata o simplemente con tortillas de maíz y crema agria, resulta ideal para cenar.

Tiempo de preparación: **15–20 minutos**
Tiempo de cocción: **20 minutos**
Ingredientes: **4 personas**

Contiene: **vitaminas E, B₁ y B₃, cobre, cinc** y **magnesio**

2 cucharadas de harina
½ cucharadita de diente de clavo molido
½ cucharadita de canela picada
4 pechugas de pollo sin piel y cortadas en trozos grandes
1 cucharada de aceite vegetal
1 cebolla pequeña cortada finamente
2 cucharadas de polvo de cacao tamizado
2 cucharaditas de azúcar moreno
2 cucharaditas de salsa de tomate
80 ml de vino tinto
120 ml de caldo o de agua
30 g de pasas
1 cucharada de crema agria o fresca

■ Precalentar el horno a 180 ºC.
■ Mezclar bien la harina, la canela y el clavo en una bolsa de plástico, enharinar el pollo y reservar la harina sobrante.
■ Calentar el aceite en una cazuela antiadherente, echar la cebolla y el pollo, y dorar a fuego lento.
■ Retirar el pollo y ponerlo en una fuente refractaria.
■ Mezclar el cacao, el azúcar, la salsa de tomate, el vino y el agua en un recipiente, y verterlo a la cazuela. A continuación, añadir las pasas y calentar.
■ Incorporar 2 cucharaditas de la harina sobrante a la crema agria y echarla a la salsa caliente.
■ Verter la salsa sobre el pollo y colocar en el horno durante 20 minutos.
■ Servir con patatas o con tortillas de maíz.

Pollo cremoso con espárragos

Un regalo rico en folatos, sencillo de cocinar e ideal si tienes invitados para cenar. Además, los espárragos contienen vitaminas A, B₂ y C.

Tiempo de preparación: **10 minutos**
Tiempo de cocción: **30–35 minutos**
Ingredientes: **para 4 personas**

Contiene: **folatos, proteína** y **vitamina C**

1 cucharada de aceite de oliva
4 pechugas de pollo sin piel, deshuesadas y cortadas en dados
3 hojas de laurel
150 g de espárragos cortados en trozos
100 ml de vino blanco seco
2 calabacines medios cortados en láminas gruesas
1 cucharadita de harina de maíz
200 ml de nata para montar
sal y pimienta negra al gusto

■ Calentar el aceite en una cazuela antiadherente amplia, y dorar el pollo a fuego lento, removiendo de vez en cuando, durante 10 minutos. Añadir las hojas de laurel y los espárragos, y cocinar otros 5 minutos.
■ Agregar el vino y el calabacín. Remover, tapar y hervir a fuego suave durante 15–20 minutos. Retirar las hojas de laurel.
■ Mezclar la harina de maíz con la nata y verter en la cazuela removiendo constantemente. Dejar que hierva hasta que espese un poco y sazonar al gusto. Servir con patatas, con pasta o con arroz hervido para que absorba la deliciosa salsa.

¿Por qué no...?
Usas espárragos de lata si no es la temporada, y los agregas en los últimos 5 minutos de cocción. Para variar, también puedes utilizar 150 g de uva blanca sin pepitas.

Pechugas de pollo con jamón rellenas de espinacas

Este plato es sencillo, vistoso y sabroso; además, es una buena fuente de hierro y de proteína para ti y para tu bebé.

Tiempo de preparación: **10 minutos**
Tiempo de cocción: **35 minutos**
Ingredientes: **para 2 personas**

Contiene: **hierro** y **proteína**

2 pechugas de pollo sin piel
  y deshuesadas
40 g de espinacas troceadas,
  previamente descongeladas
1 cucharada de hojas de perejil picado
piel de ½ limón rallada
½ cucharadita de nuez moscada molida
1 cucharada de queso mascarpone
2 lonchas grandes o 4 pequeñas de
  jamón serrano
1 cucharadita de aceite de oliva

■ Precalentar el horno a 180 ºC.
■ Cortar cada pechuga horizontalmente para hacer un librito.
■ Mezclar en un cuenco las espinacas, el perejil, la piel del limón, la nuez moscada y el queso mascarpone, y rellenar cada pechuga con la mitad de la mezcla.
■ Con cuidado, envolverla con el jamón y asegurarla con palillos.
■ Calentar el aceite en una sartén y dorar la pechuga unos 3 minutos por cada lado.
■ Pasarlas a una bandeja, cubrir con papel de aluminio y hornear unos 30 minutos.
■ Servir con una ensalada verde.

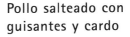

Pollo salteado con guisantes y cardo

El cardo proporciona magnesio, calcio y vitamina E, y antes de saltearlo, es mejor cocerlo al vapor. Como en cualquier salteado, antes de empezar, es importante que tengas todos los ingredientes preparados. Un buen salteado está compuesto de verduras ligeramente crujientes que se cocinan muy poco, para conservar el mayor número de nutrientes.

Tiempo de preparación: **15 minutos**
Tiempo de cocción: **5 minutos**
Ingredientes: **para 2 personas**

Contiene: **calcio, fibra, folatos, proteína** y **vitaminas C y E**

100 g de cardo cortado
1-2 cucharadas de aceite de girasol
2 pechugas de pollo sin piel, deshuesadas
  y cortadas en tiras muy finas
2 chalotas cortadas en juliana
2,5 cm de raíz de jengibre muy rallada
100 g de guisantes
1 pimiento naranja cortado en juliana
1 cucharadita de salsa de soja baja en
  sodio
1 cucharada de jerez seco

■ Cocer el cardo al vapor durante 5 minutos.
■ Mientras tanto, calentar 1 cucharada de aceite en un wok o en una sartén amplia, saltear el pollo durante 2-3 minutos y retirar.
■ Si es necesario, añadir un poco más de aceite y saltear durante 2 minutos el resto de ingredientes, excepto la salsa de soja y el jerez.
■ Agregar el pollo a la sartén, verter la salsa de soja y el jerez, y remover.
■ Servir al momento con arroz o con fideos de arroz.

Pechugas de pollo con jamón rellenas de espinacas

Pollo salteado con guisantes y cardo

Pollo guisado con ciruelas y piñones

Las ciruelas son ricas en hierro, fibra soluble y potasio. Su sabor dulce se complementa con el pollo estofado, y los piñones son crujientes y aportan sabor. El dulzor de este plato facilita que guste a los niños; si es necesario disimular las ciruelas, se pueden triturar con un poco de jugo. Recuerda que el alcohol del vino se evaporará al cocerlo.

Tiempo de preparación: **10 minutos**
Tiempo de cocción: **40-45 minutos**
Ingredientes: **para 4 personas**

Contiene: **fibra, proteína** y **vitamina B₃** y **E**

*1 cucharada de aceite de oliva o de
    girasol
8 muslos de pollo sin piel
1 cebolla pelada y cortada a lo largo
200 g de ciruelas sin hueso
50 g de piñones
100 ml de vino blanco seco
2 cucharadas de hojas frescas de perejil
    picadas
sal y pimienta al gusto*

■ Calentar el aceite en una sartén amplia, añadir los muslos de pollo, tapar y dorar durante 5-10 minutos. Agregar la cebolla y cocinar a fuego lento otros 10 minutos, remover de vez en cuando.
■ Añadir las ciruelas, los piñones y el vino, tapar y cocer durante 15 minutos. Espolvorear el perejil y cocinar 5 minutos más.
■ Sazonar al gusto, y servir con cuscús o con arroz.

Pollo con mango y papaya

Un plato con frutas ligeras que contiene el extraordinario betacaroteno. Cuando compres la papaya, asegúrate de que esté algo verde y de que madure en casa, como harías con un aguacate.

Tiempo de preparación: **10 minutos**
Tiempo de cocción: **25 minutos**
Ingredientes: **para 2 personas**

Contiene: **betacaroteno** y **vitamina C**

*1 cucharada de aceite de girasol
1 cebolla mediana muy picada
250 g de pechuga de pollo sin piel
    y cortada en dados
50 g de salsa chutney de mango
1 papaya pequeña pelada, sin semillas
    y cortada en dados
100 ml de leche de coco semidescremada
cilantro fresco picado*

■ Calentar el aceite y dorar un poco la cebolla a fuego lento.
■ Añadir la pechuga de pollo y dorar durante 5 minutos.
■ Verter la salsa chutney y la leche de coco con la mitad de la papaya, remover y hervir a fuego lento hasta que el pollo esté cocido.
■ Servir con la papaya restante y el cilantro.

¿Por qué no...?
Añades un poco de limoncillo.

Pollo con tomates cherry

Pavo con especias y puré de garbanzos

Este sencillo plato se sirve con un nutritivo puré de garbanzos. Y si lo combinas con la salsa de tomate y guindilla (véase p. 65), disfrutarás de un festín de sabores.

Tiempo de preparación: **unos 10 minutos**
Tiempo de marinado: **30 minutos**
Tiempo de cocción: **20 minutos**
Ingredientes: **para 2 personas**

Contiene: **vitaminas B_1, B_3, B_6 y B_{12}**

*2 filetes de pechuga de pavo, de unos
   120 g cada uno*
zumo de 1 limón
1 diente de ajo majado
2 cucharaditas de especias cajún
1 cucharada de aceite de oliva

Puré
1.400 g de guisantes de lata escurridos
75 ml de leche semidescremada
*15 g de mantequilla o 1 cucharada de
   aceite de oliva*
1 diente de ajo
zumo de ½ limón
1 cucharada de perejil fresco picado
1 cucharadita de salsa de tabasco (opcional)
pimienta negra al gusto

■ Poner las pechugas en un recipiente y añadir las especias, el ajo, el zumo de limón y el aceite de oliva.
■ Remover hasta que estén cubiertas, tapar y ponerlas en la nevera como mínimo durante 30 minutos.
■ Cuando vayas a cocinarlas, calentar una sartén antiadherente y rociar un poco de aceite. Cocer las pechugas hasta que suelten un jugo claro. Mientras tanto, colocar las garbanzos escurridos en una cazuela con la leche y la mantequilla. Cocinar a fuego lento hasta que todo esté caliente.
■ Colocar los garbanzos en un robot de cocina y procesarlos, o aplastarlos junto al zumo de lima, el ajo, el perejil y el tabasco.
■ Colocar la mitad del puré en un plato caliente y poner encima el filete de pechuga.

Pollo con tomates cherry

Este plato sencillo tiene un sabor delicioso si lo acompañas con puré de patatas y guisantes o con ensalada. Como se prepara rápido y es muy sabroso, seguro que se convierte en una de las cenas habituales durante el embarazo, y además contiene mucha vitamina C.

Tiempo de preparación: **15 minutos**
Tiempo de cocción: **20-25 minutos**
Ingredientes: **para 2 personas**

Contiene: **proteína** y **vitamina C**

1 cucharada de aceite de girasol
*2 pechugas de pollo con la piel y
   deshuesado*
½ cebolla roja pelada y muy picada
20 tomates cherry partidos por la mitad
1 cucharada de vinagre balsámico
½ cucharadita de azúcar
hojas de orégano fresco para aderezar

■ Precalentar el horno a 160 ºC.
■ Calentar el aceite en una sartén antiadherente y poner el pollo de modo que la piel toque la superficie, tapar y cocer a fuego lento durante 10 minutos. Darle la vuelta y cocinarlo otros 10 minutos.
■ Disponerlo en una fuente con un poco de agua, para que no se seque. Tapar y conservar en el horno para que se mantenga caliente.
■ Mientras tanto, subir el fuego y sofreír la cebolla en la sartén durante 5 minutos. Añadir los tomates y remover con frecuencia durante unos 8-10 minutos.
■ Verter el vinagre y el azúcar sobre los tomates, remover y rehogar durante 1-2 minutos más.
■ Retirar el pollo del horno y servir cubierto con la mezcla de los tomates.

Rollitos de pavo con mermelada de albaricoque

Los albaricoques y las semillas de cardamomo combinan muy bien con el pavo. Antes de servir, partir los rollitos para mostrar la albahaca que hay en el interior.

Tiempo de preparación: **20 minutos**
Tiempo de cocción: **40 minutos**
Ingredientes: **para 4 personas**

Contiene: **betacaroteno** y **proteína**

Mermelada
200 g de orejones de albaricoque
3 vainas de cardamomo
250 ml de agua para hervir

Rollitos
4 filetes de pavo, de 100 g
4 lonchas de panceta
8 hojas grandes de albahaca
2 cucharaditas de aceite de girasol
150 ml de vino blanco seco
½ cebolla roja pelada y cortada en rodajas
pimienta negra al gusto
unas hojas de albahaca para aderezar

■ Para hacer la mermelada, poner los albaricoques en un recipiente y añadir el cardamomo sin las semillas. Verter el agua caliente y dejar empapar toda la noche.
■ Para hacer los rollitos, colocar un filete de pavo entre dos láminas de papel vegetal y aplastar con un rodillo, dejándolo de un grosor de 1 cm.
■ Poner una loncha de panceta encima de cada filete, moler un poco de pimienta negra y colocar 2 hojas de albahaca. Enrollar los filetes y asegurarlos con 2 o 3 palillos.
■ Calentar el aceite en una cazuela grande, y dorar los rollitos por los dos lados a fuego lento durante 5 minutos. Añadir el vino blanco, tapar y cocer a fuego lento durante unos 30-40 minutos.
■ Mientras tanto, continuar preparando la mermelada pasando los albaricoques, el agua restante y las semillas de cardamomo a un robot de cocina. Procesar hasta conseguir una pasta áspera.
■ Calentar el aceite restante en una sartén y sofreír la cebolla a fuego lento durante unos 5 minutos. Agregar la pasta de albaricoque y calentar a fuego lento durante 1-2 minutos más.
■ Cuando los rollitos estén cocinados, retirarlos de la cazuela y ponerlos en un plato caliente. Verter los jugos del pollo en la mermelada y hervir.
■ Retirar los palillos y cortar cada rollito en 4 o 5 láminas. Servirlos en un plato con un poco de mermelada y aderezados con la albahaca fresca.

Salteado de cerdo y pimientos

El cerdo magro es ideal para saltear. Esta receta usa escalopa, pero también se puede utilizar lomo o filete. Puedes comprar la salsa de chile, o hacerla tú misma (véase p. 65). El jengibre es bueno para combatir las náuseas, y el ajo estimula el sistema inmunitario.

Tiempo de preparación: **10 minutos**
Tiempo de cocción: **10 minutos**
Ingredientes: **para 2 personas**

Contiene: **proteína, vitaminas B$_1$ y C**

1 cucharada de aceite de girasol
250 g de cerdo magro cortado en tiras finas
4 chalotas, cortadas en láminas gruesas
1½ pimiento rojo o naranja sin semillas y laminado finamente
2,5 cm de raíz de jengibre fresco rallada
2 dientes de ajo pelados y majados
2 pak choi o ½ calabacín cortado en tiras
2 cucharadas de salsa de chile dulce

■ Calentar el aceite en el wok o en una sartén amplia, y saltear las tiras de cerdo a fuego medio durante unos 5 minutos.
■ Añadir las cebollas y los pimientos, aumentar el fuego y saltear durante 2 minutos. Agregar el jengibre, el ajo y las pak choi o el calabacín, remover y saltear durante otros 2 minutos.
■ Añadir la salsa de chile y cubrir todos los ingredientes. Servir al momento solo o acompañado con arroz.

¿Por qué no...?
Sustituyes la salsa de chile, y cocinas la receta con 1 cucharada de salsa de soja baja en sodio y 2 cucharadas de cilantro fresco picado.

platos principales

101

Brochetas de cerdo con albahaca y limón

Un plato delicioso para hacer a la barbacoa acompañado de cuscús con piñones y granada (véase p. 77) o con patatas nuevas y una ensalada verde. El cerdo tiene poca grasa y mucha vitamina B_1.

Tiempo de preparación: **5 minutos**
Tiempo de marinado: **30 minutos**
Tiempo de cocción: **10-12 minutos**
Cantidad: **4 brochetas**

Contiene: **proteína** y **vitaminas B_1 y C**

400 g de filete de cerdo cortado en dados
½ de piña cortada en dados
piel de 1 limón
8 hojas de albahaca fresca cortadas
1 cucharada de aceite de oliva
unas hojas de albahaca para aderezar

■ Poner el cerdo y la piña en un recipiente que no sea metálico, y echar la piel de limón, las hojas de albahaca y el aceite de oliva. Cubrir y marinar en la nevera como mínimo 30 minutos.
■ Encender la barbacoa con tiempo o precalentar la plancha al máximo. Ensartar el cerdo y la piña en las brochetas, y hacerlas en la barbacoa o a la parrilla durante 5-6 minutos por cada lado. Espolvorear con las hojas de albahaca restantes para aderezar.

Brochetas de cerdo con albahaca y limón

Lomos de cerdo rellenos de arándanos y manzanas

En este plato se degustan sabores muy frescos gracias a los arándanos secos y a las especias. Los arándanos son ricos en polifenoles protectores y flavonoides. El lomo es ideal para cenar y combina muy bien con la ensalada de papaya y granada.

Tiempo de preparación: **15 minutos**
Tiempo de cocción: **40 minutos**
Ingredientes: **para 4-6 personas**

Contiene: **vitaminas B_1, B_3, B_6, C y E**

2 lomos medianos de cerdo, de unos 400 g cada uno
½ cucharadita de pimienta de Jamaica molida
1 manzana reineta pequeña, pelada y cortada en pedacitos
1 manzana cox pelada y cortada en pedacitos
75 g de arándanos deshidratados
un pellizco de clavo molido
1 cebolla roja pequeña picada finamente
6 lonchas de panceta

Salsa
1 cucharadita de harina de maíz
100 ml de vino tinto o agua

■ Poner uno de los lomos en una madera, cortar a lo largo casi toda la pieza, con un cuchillo afilado, y abrir las dos mitades. Repetir la operación con el otro lomo.
■ Si tienes un robot de cocina, puedes picar la cebolla, las manzanas y los arándanos a la vez. De lo contrario, picarlos por separado y mezclarlos en un bol amplio. Espolvorear las especias y remover.
■ Engrasar dos láminas de papel de aluminio, suficientemente grandes, para hacer un envoltorio con cada uno de los lomos.
■ Poner en la cavidad del lomo la mezcla de los arándanos.

■ Envolverlo con el beicon y asegurarlo con un par de palillos.

■ Colocar en el horno previamente precalentado a 180 ºC durante 35-40 minutos, o hasta que los jugos tengan un color claro.

■ Verter los jugos, con cuidado, en una cazuela y mantener los lomos calientes.

Tagine de cordero y albaricoques

Los albaricoques y el cordero resultan una mezcla excelente en este guiso especiado rico en hierro. Es ideal servirlo con cuscús con piñones y granada (véase p. 77).

Tiempo de preparación: **15 minutos**
Tiempo de cocción: **2 horas 30 minutos**
Ingredientes: **para 4–6 personas**

Contiene: **hierro, vitaminas del grupo B** y **folatos**

700 g de cordero cortado a dados
1 cucharada de aceite de oliva
2 cebollas rojas cortadas en láminas
2 dientes de ajo majados
3 cucharaditas de comino molido
1 cucharadita de pimentón
1 barrita de canela en rama
2 hojas de laurel
2 guindillas pequeñas
500 ml de agua
2 cucharadas de salsa de tomate
200 g de albaricoques listos para comer

■ En una cazuela grande y profunda, freír con su propia grasa el cordero a fuego lento, hasta que esté dorado, y añadir un poco de aceite si se pega.

■ Retirar el cordero y agregar aceite de oliva, cebolla y ajo, y sofreír hasta que la cebolla esté translúcida.

■ Añadir las especias y remover; si es necesario, verter un poco de agua para que no se quemen.

■ Volver a poner el cordero en la cazuela y agregar el agua, la salsa de tomate y los albaricoques.

■ Remover bien, tapar y cocer a fuego lento durante 1 hora o 1 hora y 1/2, o hasta que el cordero esté tierno.

■ Como alternativa, se puede cocinar en el tagine (cazuela de barro con tapa cónica) a 160 ºC en el horno.

■ Retirar la canela, las hojas de laurel y las guindillas antes de servirlo con cuscús o con arroz. Si te apetece variar, se puede cubrir con yogur natural.

Cordero asado con alubias

Los jugos del cordero penetran en las alubias condimentadas al estragón y convierten este plato en un manjar. Se puede servir con guisantes y patatas asadas, o con patatas gratinadas.

Tiempo de preparación: **10 minutos**
Tiempo en remojo: **toda la noche**
Tiempo de cocción: **2 horas**
Ingredientes: **para 6 personas**

Contiene: **calcio, fibra, hierro** y **proteína**

200 g de alubias secas
1,5-2 kg pierna de cordero entera
6 dientes de ajo cortados finamente a lo largo
6 cebollas pequeñas peladas y cortadas en cuartos
4 ramas grandes de estragón fresco
600 ml de caldo de ternera casero (o en su lugar, desmenuzar en agua una pastilla de caldo de cordero)
sal y pimienta negra al gusto
estragón fresco, picado para aderezar

■ Cubrir las alubias con abundante agua fría y dejarlas en remojo toda la noche.

■ Al día siguiente escurrirlas, enjuagarlas y ponerlas en una cazuela grande. Cubrirlas con agua fría y hervir a fuego

vivo durante 10 minutos, escurrirlas de nuevo y dejar que se enfríen.

■ Precalentar el horno a 170 ºC.

■ Preparar el cordero realizando cortes para que pueda salir la máxima grasa posible. Marcar la carne y colocar unas rodajas de ajo.

■ Poner las alubias en una cazuela muy grande para que quepa el cordero. Añadir las cebollas, los ajos restantes, el estragón y el caldo, y poner el cordero encima. Sazonar, cubrir y cocer en el horno durante 1 hora y 1/2.

■ Transcurrido el tiempo, retirar la tapa y comprobar si hay líquido suficiente para que se cuezan las alubias. Si es necesario, añadir un poco más de caldo o de agua. Tapar de nuevo y dejar hornear durante 30 minutos más, o hasta que los jugos tengan un color claro y las alubias estén tiernas.

■ Disponer el cordero en un plato de trinchar y cortarlo en láminas gruesas. Servir las láminas de cordero sobre una base de alubias, y aderezar con un poco de estragón picado.

¿Por qué no...?

Cocinas, como alternativa, media pierna de cordero y 150 g de alubias para 3-4 personas, y reduces el tiempo de cocción 30 minutos. Y si vas a cocinar una pierna entera y no dispones de un plato apropiado, pide al carnicero que te la corte en dos trozos.

Filetes de cordero con menta y salsa de tomate

Este plato es muy sencillo y delicioso, ideal si tienes invitados. El sabor fresco y ligero de la menta va bien con el cordero, y la salsa, además de ser muy gustosa, es rica en vitamina C y licopene antioxidante. Servir con berros.

Tiempo de preparación: **10 minutos**
Tiempo de cocción: **40-45 minutos**
Ingredientes: **para 4 personas**

Contiene: **hierro, proteína, vitamina C y cinc**

250 g de tomates cherry o tomate ciruela muy cortado
½ cebolla roja grande finamente picada
½ cebolla roja grande cortada en tiras muy finas
2 tallos de menta fresca con las hojas muy cortadas
4 filetes de cordero o chuletas sin grasa
zumo de ½ limón
sal y pimienta negra para sazonar

■ Precalentar el horno a 180 ºC.
■ Para hacer la salsa, mezclar en un cuenco los tomates, la cebolla y la menta. Sazonar con pimienta negra y presionar ligeramente la salsa con una cuchara para conseguir un poco más de jugo. Cubrir y dejar que se enfríe.

■ Poner la cebolla cortada en tiras en la base de una fuente refractaria y colocar los filetes o chuletas encima. Verter el zumo de limón y sazonar.
■ Hornear durante 40-45 minutos, o hasta que el cordero esté tierno y los jugos hayan ablandado la cebolla. Servir cada filete o chuleta acompañado de cebolla y de salsa.

Cordero asado al estilo libanés

Las chuletas de cordero rellenas son una cena sencilla y requieren poca preparación. El comino, las nueces y la fruta proporcionan al cordero un delicioso sabor exótico. Servir con ensalada de semillas de calabaza y trigo bulgur (véase p. 76) o con cuscús con piñones y granada (véase p. 77).

Tiempo de preparación: **10 minutos**
Tiempo de cocción: **40-45 minutos**
Ingredientes: **para 4 personas**

Contiene: **betacaroteno, fibra, proteína, vitaminas C y E, y cinc**

50 g de orejones de albaricoque
25 g de nueces
1 cebolla pelada y cortada en cuartos
10 g de perejil fresco
1 cucharada de comino molido
4 chuletas de cordero medianas sin grasa

■ Precalentar el horno a 180 ºC.
■ Colocar los albaricoques, las nueces, la cebolla y el perejil en el robot de cocina y triturar hasta que los ingredientes estén bien mezclados.
■ Extender un cuarto de la mezcla sobre cada chuleta, doblarla como si fuese un envoltorio y asegurarla con unos palillos.
■ Colocar las chuletas en una fuente refractaria y ponerlas en el horno durante 45 minutos, hasta que los jugos de la carne tengan un color claro.

Ternera rellena de cebolla roja y pasas

Puede parecer difícil, pero el esfuerzo vale la pena. En algunos comercios puedes comprar trozos de culata, listos para rellenar. Si no los encuentras, puedes pedirle a tu carnicero que te corte algunas lonchas. La ternera es una buena fuente de hierro y ayuda a combatir la anemia.

Tiempo de preparación: **20 minutos**
Tiempo de cocción: **1 hora 20 minutos**
Ingredientes: **para 4 personas**

Contiene: **hierro, proteína, vitamina B$_{12}$ y cinc**

2 cucharaditas de aceite de oliva
1 cebolla roja, pelada y cortada finamente
100 g de pasas
½ cucharadita de canela molida
4 trozos de culata de ternera, de 100 g
250 ml de caldo de ternera

■ Precalentar el horno a 180 ºC.
■ Calentar la mitad del aceite en una sartén, y sofreír la cebolla a fuego lento durante 5 minutos. Añadir las pasas y la canela, y cocinar otros 5 minutos. Retirar y dejar que se enfríe.
■ Extender cada trozo de ternera, aplanarlo y estirarlo con un cuchillo largo. Poner un cuarto del relleno en el extremo de cada pieza estirada, enrollarla y asegurarla con palillos, de modo que queden 4 rollitos.
■ Calentar el aceite restante en una sartén y dorar los 4 rollitos uniformemente durante 2-3 minutos.
■ Poner los rollitos en una fuente refractaria. Verter el caldo, cubrir y cocinar en el horno durante 1-1½ hora hasta que la carne esté tierna. Mientras la ternera se cocina, rociar con el caldo de vez en cuando.

Goulash de ternera

Este estofado contiene mucho hierro, fundamental en el embarazo. Si tienes hijos, también es muy nutritivo para ellos, sobre todo si son pequeños, porque suelen tener niveles bajos de hierro. Servir con patatas y con una ensalada.

Tiempo de preparación: **10 minutos**
Tiempo de cocción: **1 hora 30 minutos**
Ingredientes: **para 2-3 personas**

Contiene: **betacaroteno, hierro, proteína y vitamina C**

1 cucharada de aceite de girasol
1 cebolla pelada y picada
1 cucharada de pimentón
1 cucharada de harina
350 g de ternera para estofar magra cortada en dados grandes
1 puerro sin la barba y cortado a lo largo en trozos anchos
2 zanahorias grandes cortadas en rodajas
350 ml de salsa de tomate o 410 g de tomates de lata picados y tamizados
200 ml de agua
sal y pimienta al gusto

■ Precalentar el horno a 160 ºC.
■ Calentar el aceite en una sartén amplia, y freír la cebolla a fuego lento durante 2-3 minutos.
■ Mientras tanto, colocar el pimentón y la harina en una bolsa de plástico grande. Añadir los dados de ternera, y agitar la bolsa hasta que la carne quede enharinada y condimentada.
■ Poner la carne en la sartén, y remover un poco para mezclarla con la cebolla y el aceite. Traspasarlo a una cazuela y añadir el puerro, las zanahorias, la salsa de tomate y el agua. Remover bien, tapar y cocer en el horno durante 1½ hora.
■ Remover y sazonar al gusto.

Estofado de ternera a la cerveza negra

Este estofado es muy sencillo de preparar. Se dice, desde hace mucho tiempo, que la cerveza negra es buena para la producción de leche en el período de lactancia materna; por tanto, puedes cocinar y congelar este plato para cuando nazca el bebé.

Tiempo de preparación: **10 minutos**
Tiempo de cocción: **1 hora 45 minutos**
Ingredientes: **para 4 personas**

Contiene: **hierro, proteínas, vitamina B$_{12}$ y cinc**

1 cucharada de harina
½ cucharadita de pimentón
600 g de ternera para estofar cortada en dados
2 cebollas rojas peladas y cortadas finamente
400 ml de cerveza negra
1 cucharada de ketchup de champiñones o de salsa Worcestershire
150 g de champiñones
sal y pimienta al gusto

■ Precalentar el horno a 160 ºC.
■ Colocar el pimentón y la harina en una bolsa de plástico grande. Añadir los dados de ternera y agitar hasta que la carne quede enharinada y condimentada.
■ Poner la cebolla y la carne en un cazuela grande, y verter la cerveza negra y el ketchup de champiñones o la salsa inglesa. Remover, tapar y cocinar en el horno durante 1½ hora.
■ Añadir los champiñones, remover bien y hornear de nuevo durante 30-40 minutos más.
■ Servir con patatas asadas o con boniato y calabacín al horno (véase p. 85).

Pastichio

Se trata de un plato griego compacto de carne con pasta y salsa, que se conserva en la nevera uno o dos días y se puede congelar. Es preferible comprar el macarrón alargado no rallado, pero también se puede usar otra pasta alargada, como el penne.

Tiempo de preparación: **25 minutos**
Tiempo de cocción: **30 minutos**
Ingredientes: **para 6 personas**

Contiene: **hierro, calcio, selenio, cobre y vitaminas B$_1$, B$_3$ y B$_{12}$**

500 g de carne de ternera magra picada
2 cebollas pequeñas peladas y finamente picadas
2 dientes de ajo majados
½ cucharadita de canela
45 g o 2 cucharaditas de salsa de tomate
120 ml de vino tinto (opcional)
120 ml de agua o 240 ml si no se usa el vino
2 hojas de laurel
250 g macarrones alargados no rallados
pimienta negra al gusto

Salsa
750 ml de leche descremada o semidescremada
2 hojas de laurel
60 g de harina
nuez moscada
3 huevos batidos
50 g de queso parmesano o queso griego graviera

■ Precalentar el horno a 200 ºC.
■ En una cazuela grande, dejar que la carne picada se cocine en su propia grasa a fuego lento; añadir aceite en el caso de que se pegue.
■ Agregar las cebollas y el ajo, y dejar que se doren.
■ Añadir la canela, la salsa de tomate, el vino y el agua, y dejar las hojas de laurel para el final.
■ Remover bien, tapar y hervir durante 20 minutos.
■ Para hacer la salsa, calentar casi toda la leche con las hojas de laurel y luego dejar que se enfríe un poco.
■ Poner la harina en una jarra, verter la leche natural y remover hasta conseguir una pasta. Agregar un poco de leche caliente para que la consistencia sea líquida.
■ Echar la mezcla de la harina en una cazuela y llevar la salsa a ebullición, removiendo constantemente.
■ Retirar las hojas de laurel, rallar mucha nuez moscada y dejar que se enfríe un poco.
■ Mientras tanto, cocinar la pasta al punto y escurrir.
■ Poner en una bandeja profunda la carne picada y cubrirla con la pasta.
■ Batir los huevos en la salsa, verter sobre la pasta de forma uniforme y decorar con el queso rallado.
■ Hornear durante 30 minutos, hasta que la superficie esté gratinada.

ENSALADAS
y VERDURAS

ensaladas frías · verduras calientes

ensaladas frías

Ensalada de zanahoria y remolacha

La remolacha es una fuente rica en folatos y tiene un sabor delicioso. En esta ensalada el dulzor de la remolacha, la manzana y las zanahorias queda contrarrestado con el zumo de limón.

Tiempo de preparación: **10 minutos** (V)
Ingredientes: **para 4 personas**

Contiene: **fibra, folatos** y **vitaminas A y E**

2 remolachas cocinadas pero no avinagradas
2 zanahorias ralladas
1 manzana pequeña sin el corazón y cortada en dados
zumo de 1 limón
2 cucharadas de pasas sultanas
vinagre balsámico glaseado

■ Cortar la remolacha en cuartos, y los cuartos por la mitad.
■ Rociar el limón sobre las manzanas, previamente preparadas.
■ Mezclar en una ensaladera la manzana, las zanahorias, la remolacha y las pasas sultanas y rociar con el vinagre balsámico glaseado.
■ Servir al momento.

Ensalada de guisantes y aguacate con aderezo de albahaca

Esta fresca ensalada combina la cremosidad del aguacate con los guisantes crujientes, que son una fuente excelente de vitamina C y fibra y, como se come toda la vaina, también contienen fitonutrientes.

Tiempo de preparación: **5 minutos** (V)
Tiempo de cocción: **2 minutos**
Ingredientes: **para 2 personas**

Contiene: **fibra, vitaminas A, B$_6$, C y E**

100 g de guisantes con los extremos de las vainas cortados
1 cucharada de aceite de oliva
1 cucharada de zumo de limón
1 cucharada de hojas de albahaca frescas cortadas
½ cucharada de miel
1 aguacate
rúcula o canónigos como acompañamiento
pimienta negra al gusto

■ Poner en una cazuela agua para hervir o cocer al vapor los guisantes durante 1-2 minutos. Después sumergirlos en un recipiente con agua muy fría y a continuación escurrirlos.
■ Preparar el aliño batiendo en un cuenco el aceite de oliva, el zumo de limón, la albahaca y la miel. Sazonar al gusto con la pimienta.
■ Cortar en dados el aguacate y removerlo con suavidad en el aliño.
■ Disponer las hojas de ensalada en una fuente plana, colocar encima los guisantes y verter el aguacate con el aliño. Sazonar y servir al momento.

Ensalada de berros y papaya

Esta ensalada contiene gran riqueza de nutrientes. Si deseas disfrutar de un almuerzo sabroso, sírvela con carne o aves a la plancha, o añade algunos dados de queso mozzarella.

Tiempo de preparación: **10 minutos** ⓥ
Ingredientes: **para 4 personas**

Contiene: **fibra** y **vitaminas A, C, B$_1$, B$_3$ y B$_6$**

*1 manojo de berros lavados y con el
  extremo del tallo cortado
1 papaya pequeña madura pelada y sin
  semillas
2 cucharadas de semillas de granada*

Aliño
*2 cucharadas de aceite de oliva
zumo de ½ lima
una pizca de sal
1 cucharadita de piel de lima rallada
media cucharadita de tomillo seco*

- Disponer los berros en una fuente.
- Cortar la papaya y ponerla encima.
- Espolvorear las semillas de granada.
- Para hacer el aliño, colocar todos los ingredientes en un tarro con tapa, mezclar bien y verter un poco sobre la ensalada.
- Servir al momento.

Ensalada de peras y nueces

Ensalada de peras y nueces

Las peras rojas aportan color a la ensalada; sin embargo, una pera verde sabrosa también queda muy bien. El zumo de manzana y el tomillo del aliño le confieren un típico sabor inglés a este plato.

Tiempo de preparación: **5 minutos** ⓥ
Ingredientes: **para 2 personas como primer plato**

Contiene: **vitaminas C y E**

*50 ml de zumo de manzana
2 cucharadas de aceite de oliva
1 cucharada de vinagre de sidra
½ cucharada de tomillo fresco finamente
  picado
canónigos para servir
1 pera de piel roja madura cortada a lo largo
1 pera verde madura cortada a lo largo*

*50 g de nueces un poco picadas
pimienta negra al gusto*

- Para hacer el aliño, colocar el zumo de manzana, el aceite de oliva, el vinagre de sidra y el tomillo en un cazo, y batir hasta que esté mezclado. Sazonar al gusto.
- Disponer las hojas de lechuga en una fuente, colocar los trozos de pera encima y espolvorear con las nueces.
- Verter un poco de aliño sobre la ensalada, sazonar generosamente con pimienta negra y servir.

Ensalada de col oriental

Esta ensalada contiene mucha vitamina C y pocas calorías, y además es ideal para llevar al trabajo. Si te apetece aportar un poco de variedad, puedes usar pimientos de diferentes colores.

Tiempo de preparación: **10–15 minutos** (V)
Ingredientes: **para 4 personas**

Contiene: **fibra** y **vitamina C**

½ col blanca cortada en juliana fina
½ piña cortada en dados
100 g de brotes de soja escurridos
½ pimiento naranja cortado finamente
220 g de castañas de agua de lata (140 g escurridas) laminadas
zumo de ½ limón
1 cucharadita de miel
1 cucharada de salsa de soja baja en sodio

■ Poner la col, la piña, los brotes de soja, el pimiento y las castañas en una ensaladera amplia y mezclar todos los ingredientes.
■ Para hacer el aliño, colocar el zumo de limón, la miel y la salsa de soja en un cuenco y removerlo bien. Verter el aliño sobre la ensalada y servir.

Ensalada verde tibia

El chile que contiene esta rápida y deliciosa ensalada te hará sentir un arrebato de calor. Es ideal para acompañar carnes o pescados a la plancha, o como primer plato. La lechuga, las chalotas y las alubias son ricas en vitamina C y folatos.

Tiempo de preparación: **5 minutos** (V)
Tiempo de cocción: **5 minutos**
Ingredientes: **para 2 personas como acompañamiento**

Contiene: **fibra, folatos** y **vitamina C**

1 cucharadita de aceite de girasol
80 g de judías verdes extrafinas cortadas a lo largo en trozos anchos
1 chile verde sin semillas y finamente picado
4 chalotas cortadas a lo largo en trozos anchos
4-6 hojas grandes de lechuga romana o cos
sal y pimienta al gusto

■ Calentar el aceite en un wok o en una sartén amplia. Saltear las judías, el chile y las cebollas a fuego vivo durante 1-2 minutos, removiendo con frecuencia.
■ Añadir las hojas de lechuga y cocinar, sin dejar de remover, hasta que las hojas empiecen a arrugarse. Sazonar y servir al momento.

Ensalada al pesto con guisantes y alubias

Esta ensalada es más sabrosa si se sirve a temperatura ambiente; por tanto, es mejor comerla recién preparada. Aparte de beneficiarte de la vitamina C de los guisantes, al comerte las vainas ingerirás gran variedad de fitonutrientes esenciales y fibra.

Tiempo de preparación: **10 minutos** (V)
Tiempo de cocción: **45 minutos**
Ingredientes: **para 4 personas**

Contiene: **calcio, fibra, folatos, proteína, vitaminas B y C y cinc**

150 g de guisantes con vaina
1 cucharada de pesto
10 tomates secos en aceite escurridos y cortados en pedacitos
250 g de alubias de lata enjuagadas y escurridas
pimienta negra al gusto

■ Poner en una cazuela agua y hervir o cocer al vapor los guisantes durante 1-2 minutos. A continuación, sumergirlos en un recipiente con agua muy fría y escurrir.
■ Mezclar el pesto, los tomates, las alubias y los guisantes, y sazonar con la pimienta negra.

Ensalada verde tibia

Acompañamientos para las ensaladas

Experimenta con los aliños usando hierbas y zumos para proporcionar más sabores a las ensaladas. Recuerda que no puedes comer mayonesa casera porque lleva huevos crudos; pero sí puedes utilizar la mayoría de las mayonesas comerciales, solo has de leer las etiquetas. Tampoco ingieras aliños con quesos azules. A continuación, tienes algunas alternativas:

Aliño de cítricos y jengibre

Ingerir la vitamina C necesaria mezclando el zumo de ½ limón y de 1 naranja con 4 cucharadas de aceite de oliva, 1 cucharadita de miel y un poco de jengibre rallado.

Aliño de yogur

Añadir cebollinos cortados, perejil u otra hierba al yogur natural. Sazonar y agregar una pizca de azúcar y un poco de piel de limón rallada para darle un toque especial.

Aliño de nuez

Mezclar 4 cucharadas de aceite de oliva con 2 cucharadas de vinagre de jerez, ½ cucharadita de azúcar y 50 g de nueces picadas. Sazonar con pimienta negra al gusto.

Nueces crujientes

Espolvorear las ensaladas con frutos secos o semillas para proporcionar minerales y aceites esenciales. Si los tuestas, recuerda que, debido a las grasas que contienen, se queman con facilidad.

Aceitunas negras

Si añades aceitunas negras a las ensaladas les proporcionarás color y sabor; pero no ingieras gran cantidad porque tienen mucha sal. Para una sugerente ensalada griega, mezclar aceitunas negras deshuesadas con trigo bulgur y con tomates cortados a trocitos. Añadir algunos cebollinos y menta, previamente cortados; agregar un chorrito de aceite de oliva, rociar con el zumo de limón y mezclar bien.

Ensalada de aguacate, pepino, granada y aliño de jengibre y chile

Esta colorida ensalada contiene muchas vitaminas y fitoquímicos protectores. Además, está rociada con un aliño ácido que le da un toque especial.

Tiempo de preparación: **10 minutos**
Ingredientes: **para 2 personas**

Contiene: **vitaminas C, A y E y fitonutrientes, incluidos los polifenoles protectores**

Aliño

2 cucharadas de aceite de oliva
1 cucharada de zumo de limón
piel de 1 limón muy rallado
1 cucharadita de jengibre rallado
1 guindilla pequeña seca bien picada

Ensalada

hojas de ensalada para dos personas
1 aguacate maduro cortado en láminas
2 pepinos pequeños o ½ normal cortado en juliana fina
semillas de 1 granada o unos 100 g

■ Para preparar el aliño, poner todos los ingredientes en una batidora y procesar hasta obtener una textura homogénea. Como alternativa, se pueden echar los ingredientes en un tarro con tapa y mezclarlos bien.
■ Disponer las hojas de ensalada en una fuente, y poner encima el pepino y el aguacate.
■ Espolvorear las semillas de granada y rociar el aliño de jengibre y guindilla, asegurándose de que el aguacate quede bien cubierto.
■ Enfriar hasta que se vaya a servir.

¿Por qué no...?

Añades papaya en lugar de aguacate, para variar.

Ensalada griega

Esta ensalada se ha de comer recién preparada para saborearla mejor. El queso feta y las aceitunas tienen bastante sal; por tanto, no debes añadirle más sal a la ensalada.

Tiempo de preparación: **10 minutos**
Ingredientes: **para 2 personas**

Contiene: **vitaminas C, B_1, B_3, B_6, A y E**

1/3 pepino bastante picado
2 tomates grandes maduros cortados en pedazos
½ pimiento verde cortado en dados
½ cebolleta pequeña cortada finamente
15 aceitunas negras
100 g de queso feta cortado en dados
perejil fresco picado

Aliño

2 cucharadas de aceite de oliva
1 cucharada de vinagre de vino tinto
½ cucharadita de orégano seco
pimienta negra al gusto
pan de pita para servir

■ Disponer el pepino, los tomates, el pimiento y la cebolla en una ensaladera, y mezclar.
■ Echar las aceitunas y el perejil, y desmenuzar por encima el queso feta.
■ Para hacer el aliño, mezclar todos los ingredientes; y antes de servir, rociar, poco a poco, sobre la ensalada.

verduras calientes

Pastel cremoso de patata y manzana

Las patatas, las manzanas y las bayas de enebro son una excelente combinación. El enebro tiene un sabor especial; y si padeces ardor de estómago o te encuentras mal, este pastel es ideal por sus sabores suaves.

Tiempo de preparación: **10 minutos** ⓥ
Tiempo de cocción: **1 hora 30 minutos**
Ingredientes: **4-6**

Contiene: **calcio** y **vitamina C**

4-6 patatas medianas peladas y cortadas muy finas
2 manzanas crujientes sin el corazón y cortadas muy finas
125 ml de crema de leche
275 ml de leche semidescremada
6 bayas de enebro (opcional), majadas
1 cucharadita de nuez moscada molida
sal y pimienta al gusto
aceite o mantequilla para engrasar

■ Precalentar el horno a 180 °C. Engrasar un molde con aceite o con mantequilla, y poner las láminas de patata y de manzana alternándolas.
■ Batir la crema, la leche, las bayas de enebro y la mitad de la nuez moscada, y sazonar. Verter la mezcla sobre las patatas y las manzanas.

■ Espolvorear con la nuez moscada restante. Cubrir el molde con papel de aluminio, colocarlo en una bandeja en el centro del horno y cocinar durante 1 hora.
■ Retirar del horno y verter por encima un poco del líquido de la mezcla. Volver a hornear, sin tapar, durante 30 minutos más, hasta que las patatas y las manzanas estén tiernas al pincharlas con un cuchillo, y la parte superior, dorada.

Pisto

2 tallos grandes de apio, cortados
en trozos grandes

Aliño

zumo de ½ limón
1 cucharadita de semillas de cilantro
picado
1 cucharadita de miel
2 cucharadas de aceite de girasol
sal y pimienta al gusto

■ Cocer al vapor el brécol, la coliflor
y el apio durante unos 7-8 minutos.
■ Mientras tanto, poner todos los
ingredientes en una botella cerrada
y mezclarlos bien.
■ Servir las verduras al momento
y verter el aliño.

Pisto

El pisto tiene muchos nutrientes.
Además, si lo guardas en un recipiente
hermético, se conserva muy bien en la
nevera durante un par de días, o en el
congelador durante un par de meses.

Tiempo de preparación: **15 minutos** (V)
Tiempo de cocción: **1 hora**
Ingredientes: **para 4 personas**

Contiene: **betacaroteno, fibra** y **vitamina C**

2 cucharadas de aceite de oliva
1 cebolla pelada y cortada en láminas
2 dientes de ajo pelados y majados
½ berenjena cortada en dados
2 calabacines medianos cortados muy
finos
250 g de pimientos variados congelados
picados
1 lata de 680 g de tomate triturado
6 tomates frescos pelados y cortados en
láminas
sal y pimienta al gusto
6 ramas grandes de orégano fresco
virutas de queso parmesano para decorar

■ Calentar el aceite en una cazuela, y
sofreír la cebolla y el ajo a fuego lento

durante 5 minutos. Añadir la berenjena
y freír otros 5 minutos, removiendo
bastante.
■ Agregar el calabacín y reducir el fuego.
Cocinar la mezcla durante 10 minutos,
removiendo de vez en cuando.
■ Añadir los pimientos, el tomate triturado
y el tomate fresco. Salpimentar y agregar
4 hojas de orégano. Tapar y cocer a fuego
lento durante 30-40 minutos. Antes de
servir, decorar con el orégano restante
y con las virutas de queso.

Brécol, coliflor, apio
y aliño de limón

Si estás cansada de comer brécol
hervido o coliflor con queso, prueba
este plato que tiene mucha vitamina C
y un sabor intenso a limón y a
cilantro.

Tiempo de preparación: **8 minutos** (V)
Tiempo de cocción: **7-8 minutos**
Ingredientes: **para 2 personas**

Contiene: **betacaroteno, fibra** y
vitamina C

4 ramilletes pequeños de brécol
4 ramilletes pequeños de coliflor

Coles de Bruselas con
panceta

Las coles de Bruselas tienen un alto
contenido en folatos; por tanto, son
muy beneficiosas antes y durante el
embarazo.

Tiempo de preparación: **10 minutos**
Tiempo de cocción: **10 minutos**
Ingredientes: **para 4 personas**

Contiene: **fibra, folatos** y **vitaminas
B$_1$** y **C**

70 g de panceta cortada en dados
20 coles de Bruselas cortadas
100 ml de caldo de verduras

■ Calentar una sartén y freír la
panceta en su propia grasa a fuego
lento durante 5 minutos, hasta que
esté dorada.
■ Añadir las coles y el caldo. Tapar y
cocer durante 7-8 minutos, hasta que
las coles estén tiernas.
■ Escurrir las coles y servirlas con la
panceta.

EXTRAS

postres · pasteles y repostería

postres

Brocheta de piña y papaya

Este postre de estilo caribeño se puede comer crudo o cocinado a la plancha o a la brasa.

Tiempo de preparación: **10 minutos** Ⓥ
Tiempo de cocción: **5 minutos**
Ingredientes: **para 2 personas**

Contiene: **betacaroteno** y **vitamina C**

1 cucharadita de miel
2 cucharaditas de zumo de lima
½ cucharadita de raíz de jengibre fresco rallado
1 cucharadita de azúcar de caña gruesa
½ papaya mediana pelada y cortada en dados
2 rodajas de piña fresca cortada en dados

■ Precalentar la plancha al máximo. Mezclar la miel, el zumo de lima, el jengibre y el azúcar en un cazo, y verter sobre la fruta de modo que quede cubierta. Ensartar dos brochetas metálicas largas con las diferentes frutas y untarlas con la marinada sobrante.
■ Hacer las brochetas a la plancha durante unos 10 minutos, girándolas de vez en cuando. Cuando la fruta esté un poco dorada, pueden servirse.

Crema de mango y fruta de la pasión

Los mangos contienen mucho betacaroteno, lo que es una buena excusa para disfrutar de este maravilloso postre, suave y cremoso.

Tiempo de preparación: **15 minutos** (V)
Ingredientes: **para 4 personas**

Contiene: **betacaroteno, fibra y vitamina C**

2 mangos maduros pelados y cortados en dados
piel de 1 lima rallada
zumo de ½ lima
3 frutas de la pasión
150 ml de nata líquida para montar
galletas o barquillos para servir

■ Disponer los mangos en un robot de cocina y triturarlos hasta conseguir un puré. Añadir la piel y el zumo de la lima.
■ Tamizar la fruta de la pasión presionando para que casi todas las semillas queden en el tamiz, y agregar el zumo al mango.
■ En un cuenco aparte, batir la nata hasta que esté montada. Mezclarla con el zumo, y con una cuchara colocar la mezcla en vasos altos. Enfriar, antes de servirlo con galletas o barquillos.

Helado de lima y jengibre

Este es un postre sencillo que se puede congelar durante varios meses. Además, el jengibre es muy beneficioso para contrarrestar las náuseas durante el embarazo.

Tiempo de preparación: **10 minutos** (V)
Ingredientes: **para 4–6 personas**

Contiene: **calcio**

200 ml de yogur bio descremado
50 g de azúcar glas tamizado
piel de 1 lima finamente rallada
40 g de tallo de jengibre picado en almíbar
150 g de nata montada
40 g de merengue machacado en trozos muy pequeños

■ Mezclar el yogur con el azúcar glas, la lima y el jengibre.
■ Batir la nata hasta que quede firme.
■ Disponer con cuidado la nata en el yogur y agregar el merengue.
■ Poner en un molde y congelar.
■ Retirar del congelador 15 minutos antes de servir.

¿Por qué no...?
Usas yogur griego descremado y natillas para conseguir un postre más ligero.

Espuma de fresas y granada

Cuando sea la temporada de las fresas, disfruta de este postre que se conserva en la nevera muy bien durante un par de días.

Tiempo de preparación: **15 minutos** (V)
Ingredientes: **para 4 personas**

Contiene: **calcio, vitaminas B$_1$, B$_2$ y C y fitonutrientes**

100 ml de zumo de granada
1 cucharadita o 1 sobrecito de gelatina disuelto en dos cucharadas de agua caliente
225 g de fresas frescas lavadas
250 g de mostaza
250 g de yogur griego
fresas y granada para servir

■ Disponer el zumo de granada y las fresas en un robot de cocina, y batir hasta que espese.

■ Colocar en un recipiente grande, añadir el yogur griego y remover.
■ Agregar la mostaza y la gelatina, y mezclar bien.
■ Verter en cuatro platos individuales y enfriar en la nevera durante 2 horas.
■ Servir con fresas y semillas de granada.

¿Por qué no...?
Añades albaricoques a la mezcla.

Macedonia de fresa, pera y fruta de la pasión

Para este ligero y refrescante postre, has de comprar peras muy dulces y jugosas.

Tiempo de preparación: **15 minutos** (V)
Ingredientes: **para 4 personas**

Contiene: **fibra y vitamina C**

3 peras grandes
zumo de ½ limón
250 g de fresas
4 frutas de la pasión

■ Pelar las peras sobre una fuente para recoger el jugo que suelten, retirar el corazón y cortarlas en dados. Poner los dados en la fuente y rociar con el zumo de limón.
■ Retirar el tallo de las fresas, lavarlas, y partir las pequeñas por la mitad y las grandes en cuartos.
■ Añadir las fresas y la carne de la fruta de la pasión a las peras. Antes de servir, dejar enfriar en la nevera durante 30 minutos.

cardamomo, y verter el zumo sobre las peras. Enfriar en la nevera como mínimo 1 hora.

■ Para hacer la salsa, poner el chocolate, la mantequilla, el azúcar y la nata en un cazo. Calentar a fuego lento, removiendo constantemente, hasta que se fundan todos los ingredientes.

■ Cuando esté listo para servir, verter la salsa sobre las peras.

Roulade de lima y fruta de la pasión

Prepara esta roulade ácida para una ocasión especial. El relleno se prepara con una cuajada de fruta de la pasión casera; pero si no dispones de tiempo, puedes comprar cuajada de limón, y espolvorear con la pulpa y las semillas de la fruta de la pasión.

Tiempo de preparación: **25 minutos** Ⓥ
Tiempo de cocción: **15 minutos**
Ingredientes: **para 6 personas**

Contiene: **vitaminas C y A**

5 huevos
85 g de azúcar caster
piel y zumo de 2 limas
70 g de harina

Relleno
1 huevo grande
35 g de azúcar caster
25 g de mantequilla cortada en dados
4 frutas de la pasión
150 g de nata líquida para montar
azúcar glas para servir

■ Precalentar el horno a 200 ºC.
■ Batir la yema del huevo con el azúcar caster hasta que esté densa y cremosa. Esta textura es más fácil de conseguir si utilizas una batidora de varillas o si bates la yema en un cazo al baño maría.
■ Batir las claras hasta que estén firmes y agregarlas, poco a poco, a la yema.

Peras escalfadas con cardamomo y salsa de chocolate

Peras escalfadas con cardamomo y salsa de chocolate

Las peras son muy digestivas y fáciles de comer; por tanto, son muy apropiadas cuando no tienes apetito. Este postre se puede conservar un par de días en la nevera; así que si tienes invitados, puedes prepararlo con antelación.

Tiempo de preparación: **10 minutos** Ⓥ
Tiempo de cocción: **1 hora**
Ingredientes: **para 6 personas**

Contiene: **fibra**

6 peras grandes maduras peladas
cáscara de 1 limón
8 vainas de cardamomo, ligeramente
*   machacadas pero que se mantengan*
*   enteras*
500 ml de zumo de uva blanca
100 g de chocolate con leche cortado
*   en trozos*
25 g de mantequilla
25 g de azúcar moreno
100 g nata líquida descremada

■ Poner en una cazuela las peras, la piel del limón, las vainas de cardamomo y el zumo de uva. Llevar a ebullición, tapar y cocinar a fuego lento durante 1 hora; de vez en cuando, darle la vuelta a las peras.
■ Colar el líquido y emplatar las peras. Desechar la piel del limón y el

- Tamizar la harina y añadir poco a poco los huevos, la piel y el zumo de lima.
- Verter con cuidado en una bandeja con papel vegetal y hornear durante 10-12 minutos, hasta que la masa esté cocida y ligeramente dorada.
- Mientras tanto, colocar papel vegetal sobre una superficie plana y espolvorear con un poco de azúcar caster.
- Cuando la roulade esté cocida, ponerla sobre el papel con azúcar, dejar que se enfríe y retirar el papel.
- Preparar el relleno de cuajada de fruta de la pasión, tamizar la pulpa y las semillas de la fruta de la pasión, y presionar con una cuchara para conseguir el máximo de zumo.
- Batir el huevo en un recipiente refractario y añadir el azúcar, los dados de mantequilla y el zumo de la fruta.
- Poner el recipiente al baño maría hasta que la cuajada espese, removiendo constantemente, o colocar en el microondas a temperatura baja durante 2-3 minutos, removiendo cada 30 segundos.
- Retirar del horno y dejar que se enfríe.

Roulade

- Extender la nata líquida sobre la roulade y luego, con cuidado, proceder con la cuajada.
- Enrollar la roulade con la ayuda del papel vegetal. No te preocupes si la masa queda agrietada, porque lo importante es el sabor.
- Enfriar o servir con azúcar glas espolvoreada.

Espuma de mango y lima

Si no toleras los productos lácteos, este es tu postre. El tofu tierno es cremoso, y rico en hierro y calcio.

Tiempo de preparación: **10 minutos**
Ingredientes: **para 2 personas**

Contiene: **calcio** y **vitaminas A y C**

---

1 mango mediano maduro
175 g de tofu sedoso
piel de 1 lima rallada
zumo de ½ lima
½ cucharadita de esencia de vainilla

- Pelar y cortar el mango, y ponerlo junto al resto de ingredientes en un robot de cocina.
- Procesar hasta conseguir una consistencia homogénea y cremosa.
- Repartirlo con una cuchara en dos platos y enfriar en la nevera.

Macedonia de frutas de invierno

Para esta receta no utilices las frutas deshidratadas que venden listas para comer, porque no absorberán igual de bien los sabores de la naranja y del jengibre. Aunque el vino de jengibre contiene alcohol, al hervirlo se evaporará, de modo que se puede utilizar.

Tiempo de preparación: **10 minutos** (v)
Ingredientes: **para 4-6 personas**

Contiene: **betacaroteno, calcio, fibra, hierro** y **vitamina C**

200 ml de vino de jengibre
500 ml de ensalada de frutas deshidratadas o haz tú la mezcla con orejones de albaricoque, peras, melocotones, ciruelas, higos o manzanas.
400 ml de zumo de naranja, recién exprimido

- Poner el vino de jengibre en una cazuela y llevarlo a ebullición, momento en que se ha de retirar del fuego.
- Colocar las frutas en un recipiente de plástico con tapa, y verter el vino de jengibre y el zumo de naranja.
- Tapar y dejar toda la noche en la nevera para que las frutas absorban los sabores y se hinchen. Listo para servir.

Acompañamientos para los postres

Los postres, particularmente los de fruta, aportan a la dieta energía, vitaminas y variedad, y no suelen tener muchas calorías o grasas. Sin embargo, si añades nata o helado, estarás incorporando grasa; por tanto, a continuación te damos algunas ideas que aportarán diversos nutrientes.

Coulis de arándano y lima
Para preparar este delicioso coulis, cuece 250 g de arándanos en una cazo con 1 cucharadita de azúcar y el zumo de ½ limón, y bátelo. Este coulis es apropiado para verter sobre postres, sorbetes, frutas al horno o yogur.

Yogur y salsa de sirope de fruta
Mezclar 200 ml de yogur natural con 1 cucharada de sirope de frutas y ½ de cucharadita de extracto de vainilla. Verter sobre ensaladas de fruta y postres cocidos al horno.

Crema inglesa
Mezclar la yema de 2 huevos con 2 cucharaditas de harina de maíz, ½ cucharadita de extracto de vainilla, 1 cucharada de azúcar y 150 ml de crema de leche. Calentar 300 ml de leche y, cuando esté muy caliente, verterla sobre la mezcla del huevo. Poner la mezcla en la cazuela y calentar a fuego lento hasta que la salsa espese. Servir con pudín de chocolate y dátiles (véase p. 120), o con frutas cocidas.

Crujiente de almendra
Para conseguir un crujiente sabroso, espolvorear con copos de almendra enriquecidos con calcio.

Tarrina de yogur y frambuesa con crema quemada

Pudín de chocolate y dátiles

Si se te antoja comer chocolate, este delicioso pudín de chocolate caliente satisfará tus necesidades. Es uno de los pudines más sencillos de preparar porque se utilizan el robot de cocina y el microondas.

Tiempo de preparación: **5 minutos**
Tiempo de cocción: **6-7 minutos**
Ingredientes: **para 6 personas**

Contiene: **fibra, hierro** y **proteína**

75 g de dátiles secos muy picados
150 ml de agua hirviendo
50 g de azúcar moreno
2 huevos medianos
50 g de margarina de girasol
100 g de harina con levadura
1 cucharadita de levadura
½ cucharadita de canela
25 g de polvo de cacao
mantequilla para engrasar
helado de vainilla para servir

■ Procesar los dátiles y el agua en un robot de cocina hasta conseguir una textura suave. Añadir el azúcar, los huevos, la margarina, la harina, la levadura, la canela y el cacao, y batir.
■ Verter la mezcla en un molde de pudín de 1 litro, previamente engrasado. Cubrir con plástico transparente, hacer varios agujeros y poner en el microondas.
■ Cocer al 70 por ciento durante 6-7 minutos, o hasta que el pudín este esponjoso.
■ Retirarlo del microondas y dejar que se enfríe un poco antes de servir.

Tarrina de yogur y frambuesa con crema quemada

Si deseas conseguir un postre con menos grasas, utiliza yogur griego en lugar de crema. Además, las frambuesas son una fuente importante de fibra y de fitonutrientes.

Tiempo de preparación: **15 minutos** (V)
Tiempo de cocción: **unos 15 minutos**
Ingredientes: **para 4 personas**

Contiene: **calcio, fibra** y **vitamina C**

350 g de frambuesas frescas o congeladas
25 g de azúcar caster
750 g de yogur griego
75 g de azúcar granulado

■ Precalentar la parte superior del horno al máximo.
■ Colocar las frambuesas en una fuente llana para gratinar o en tarrinas individuales, y espolvorear con el azúcar caster. Extender el yogur griego sobre las frambuesas.
■ Espolvorear con el azúcar granulado, uniformemente, y poner la fuente en la parte superior del horno durante 5 minutos, o hasta que el azúcar esté ligeramente tostado. Hay que estar pendiente porque cada horno es diferente y los tiempos pueden variar.
■ Se puede servir frío, helado o al momento.

Pudín de panettone y mantequilla

Esta es una versión muy suave del pudín de mantequilla y pan en la que se usa panettone, un pan con especias que se consume en Italia en Navidad. Para esta receta usamos la mitad de pan y la otra mitad de panettone, de modo que las especias aporten un sabor delicioso.

Tiempo de preparación: **10 minutos** (V)
Tiempo de cocción: **30–35 minutos**
Ingredientes: **para 4 personas**

Contiene: **calcio, fibra** y **proteína**

aceite de girasol para engrasar
3 rebanadas de pan blanco
25 g de mantequilla sin sal
4 rebanadas de panettone
40 g de pasas
3 huevos
300 ml de leche descremada
 o semidescremada
25 g de azúcar granulada
nata para montar o nata líquida
 para servir

■ Precalentar el horno a 180 ºC. Engrasar una fuente refractaria honda con aceite de girasol.
■ Untar el pan con la mantequilla y cortar cada rebanada diagonalmente en cuatro trozos. A continuación, cortar las rebanadas de panettone también en cuatro trozos.
■ Poner una capa de pan blanco en la base de la fuente, espolvorear con algunas pasas, añadir una capa de panettone y repetir la operación hasta que la última capa sea de panettone.
■ Batir los huevos con la leche y el azúcar. Verter sobre el pan y hornear durante 30-35 minutos, hasta que esté ligeramente dorado.
■ Dejar que se enfríe antes de servirlo con un poco de nata de montar o nata líquida.

Arroz con leche con limón y azafrán

Este postre resulta muy reconfortante y beneficioso. En esta receta se usan limón, pasas y azafrán para conseguir una presencia y un sabor de lujo, pero puedes no ponerlos si te apetece algo más sencillo. Y recuerda que con la leche semidescremada se consigue un aspecto más cremoso que con la descremada.

Tiempo de preparación: **5 minutos** (V)
Tiempo de cocción: **45 minutos**
Ingredientes: **para 4 personas**

Contiene: **vitaminas del grupo B, calcio** y **fibra**

750 ml de leche
60 g de arroz con leche (grano redondo)
50 g de azúcar granulado
50 g pasas
piel de 1 limón rallada
1 vaina de vainilla
½ cucharadita de hebras de azafrán
 molido

■ Poner todos los ingredientes en una cazuela grande antiadherente y llevar a ebullición, removiendo constantemente.
■ Tapar y hervir durante 40-45 minutos hasta que el arroz con leche esté espeso y cremoso. Remover de vez en cuando para que no se pegue.
■ Retirar la vaina de vainilla y servir.

Pudín de panettone y mantequilla

Tarta de frutas y mascarpone

Este pudín se sale de lo común porque lleva grosella roja y grosella negra ácida, y está cubierto de bizcocho y de queso mascarpone con sabor a limón.

Tiempo de preparación: **20 minutos** Ⓥ
Tiempo de cocción: **30–40 minutos**
Ingredientes: **para 4 personas**

Contiene: **fibra** y **vitamina C**

aceite de girasol para engrasar
300 g de grosella negra sin el tallo
* y lavadas*
200 g de grosella roja sin el tallo y lavadas
115 g de azúcar caster

125 g de queso mascarpone
piel de 1 lima rallada
250 g de harina con levadura, tamizada
1 cucharadita de levadura
50 g de margarina de girasol
piel rallada y zumo de 1 limón
100 ml de leche semidescremada
15 g de azúcar de caña gruesa
nata líquida descremada o yogur griego
* para servir*

■ Precalentar el horno a 180 °C. Engrasar un molde refractario profundo con aceite de girasol.
■ Poner la grosella roja, la negra y 50 g de azúcar caster en un cazo, y hervir a fuego lento durante unos 10 minutos. Pasar la mezcla al molde.
■ En un recipiente incorporar el queso mascarpone, la piel de la lima y 25 g de azúcar caster.

■ En otro recipiente preparar la masa del bizcocho. Agregar la harina, la levadura y la mantequilla hasta conseguir una textura similar a las migas. Añadir el azúcar caster restante y la piel y el zumo de limón. Mezclar y remover con la leche hasta conseguir una consistencia viscosa.
■ Con la ayuda de dos cucharillas, poner bolas de queso mascarpone encima de la fruta. Y agregar, con dos cucharas, bolas de queso a la masa del bizcocho.
■ Esparcir el azúcar de caña sobre el bizcocho y hornear durante 30-40 minutos hasta que esté cocido. Dejar que se enfríe un poco y servir con nata líquida o con yogur griego.

pasteles y repostería

Galletas de piñones y frutas

Estas galletas son distintas porque están sazonadas con jarabe de frutas. Aportan mucha energía, y la fibra de la avena. Si no te las acabas antes, puedes conservarlas durante una semana en un envase hermético.

Tiempo de preparación: **5 minutos** (v)
Tiempo de cocción: **12–15 minutos**
Ingredientes: **para 20 galletas**

Contiene: **fibra** y **vitamina E**

aceite o mantequilla para engrasar
100 g de margarina de girasol
75 g de azúcar de caña
50 g de piñones
2 cucharadas de jarabe de frutas
250 g de gachas de avena

■ Precalentar el horno a 200 ºC y engrasar un molde de 22 x 30 cm.
■ Poner la margarina y el azúcar en un recipiente. Meter en el

microondas durante 1-2 minutos al ciento por ciento, o bien calentar en una cazo hasta que se fundan. Echar los piñones, el jarabe de frutas y las gachas de avena, y remover bien.
■ Extender completamente la masa en la bandeja y hornear durante 12-15 minutos hasta que estén doradas.
■ Retirar del horno y dejar enfriar durante 2-3 minutos. Con un cuchillo afilado, dividir la masa en 20 barritas.
■ Dejar enfriar completamente y guardar en un recipiente hermético.

Cookies de avena y arándanos

Tiempo de preparación: **15 minutos** (v)
Tiempo de cocción: **10-12 minutos**
Ingredientes: **para 18 cookies**

Contiene: **fibra, vitamina C y E**

100 g de mantequilla sin sal o margarina de girasol
75 g de azúcar caster
yema de 1 huevo mediano
½ cucharadita de esencia de vainilla
50 g de arándanos deshidratados bastante cortados
150 g de harina tamizada
50 g de gachas de avena
aceite o mantequilla para engrasar

■ Precalentar el horno a 190 ºC.
■ Poner la mantequilla y el azúcar en un recipiente, y mezclar hasta que quede ligero y esponjoso. Batir junto a la yema, la esencia de vainilla y los arándanos.
■ Agregar la harina y remover hasta conseguir una masa suave. Estirar la masa y hacer bolas de la medida de una nuez.
■ Colocar la avena en un recipiente y rebozar las bolas.
■ Poner las cookies en una bandeja previamente engrasada, y aplanarlas. Hornear durante 10-12 minutos, hasta que estén doradas.
■ Dejarlas 5 minutos más, y enfriarlas en un bandeja de rejilla.

extras

123

Brownies de chocolate y nueces

Tiempo de preparación: **15 minutos** (v)
Tiempo de cocción: **30-35 minutos**
Ingredientes: **para 16 brownies**

Contiene: **vitaminas A, D y E, y cinc**

brownies
aceite o mantequilla para engrasar
75 g de chocolate negro
75 g de margarina de girasol
150 g de azúcar moscovado
1 cucharadita de esencia de vainilla
2 huevos medianos batidos
75 g de nueces bien picadas
100 g de harina con levadura

glaseado
60 g de chocolate negro
75 g de azúcar glas tamizado
1 cucharadita de leche
½ cucharadita de esencia de vainilla
2 cucharadas de nueces picadas

■ Precalentar el horno a 180 ºC. Forrar un molde cuadrado de 20 cm con papel vegetal y engrasarlo.
■ Para preparar los brownies, poner el chocolate y la margarina en un cazo grande y fundir al baño maría.
■ Añadir el azúcar, la esencia de vainilla y los huevos, y mezclar bien. Echar las nueces y la harina, y remover hasta conseguir una mantequilla brillante. Verter sobre el molde.
■ Hornear durante 30-35 minutos hasta que los brownies estén esponjosos. Retirar del horno pero no del molde, y dejar que se enfríen.
■ Para preparar el glaseado, colocar el chocolate en un recipiente y fundir al baño maría. Echar el azúcar glas, la leche y la esencia de vainilla, y remover. Mezclar bien y verter sobre los brownies fríos.
■ Espolvorear las nueces picadas y, cuando el glaseado esté asentado, cortar 16 cuadrados pequeños.

Brownies de chocolate y nueces

Pan de plátano y nuez de Brasil

Las castañas aportan a este sabroso pan una textura crujiente. Si tienes un robot de cocina, es una receta muy fácil de hacer.

Tiempo de preparación: **5 minutos** (v)
Tiempo de cocción: **1 hora-1 hora 10 minutos**
Ingredientes: **para 1 pan de 900 g**

Contiene: **fibra, proteína, selenio y vitaminas B$_6$ y D**

150 g de margarina de girasol
150 g de azúcar moreno

3 plátanos
3 huevos medianos
150 g de harina integral
1 cucharadita de levadura
½ cucharadita de esencia de vainilla
100 g de nueces de Brasil muy picadas
margarina para engrasar

■ Precalentar el horno a 180 °C. Forrar un molde de pan de 900 g con papel vegetal y engrasarlo.
■ Colocar todos los ingredientes, excepto las castañas, en un robot de cocina y procesar hasta que quede una consistencia suave. Retirar la cuchilla, añadir las castañas y remover.
■ Verter la mezcla en el molde y hornear durante 1 hora-1 hora y 10 minutos, o hasta que la masa esté esponjosa.
■ Dejar enfriar durante 5 minutos antes de retirar del molde, y ponerlo en una bandeja de rejillas para que se enfríe completamente.

Pastel de zanahoria con especias

Este pastel también es muy apropiado en tu estado, ya que las zanahorias no pierden el betacaroteno esencial cuando se cocinan. Si deseas reducir las grasas puedes hacerlo sin el relleno.

Tiempo de preparación: **15 minutos** Ⓥ
Tiempo de cocción: **40-45 minutos**

Contiene: **betacaroteno, fibra, proteína** y **vitaminas B y D**

Pastel
400 ml de aceite de girasol
300 g de azúcar moscovado
6 huevos grandes batidos
1 cucharadita de esencia de vainilla
1 cucharadita de pimienta de Jamaica
6 zanahorias medianas muy ralladas
   (350 g aproximadamente)
400 g de harina integral con levadura
aceite de girasol para engrasar

relleno
30 g de mantequilla
40 g de queso cremoso
1 cucharada de zumo de limón
150 g de azúcar glas
azúcar glas para espolvorear

■ Precalentar el horno a 180 °C. Forrar dos moldes refractarios redondos de 20 cm con papel vegetal y engrasarlos.
■ Verter el aceite en un recipiente y batir con el azúcar y los huevos. Añadir la esencia de vainilla, la pimienta de Jamaica y las zanahorias, y remover bien. Por último, echar la harina y remover de nuevo.
■ Dividir la masa entre los dos moldes y hornear durante 40-45 minutos, o hasta que esté esponjosa.

■ Retirar los moldes del horno y dejar que la masa se enfríe durante 2-3 minutos. Sacar de los moldes y poner en una bandeja de rejilla para que los bizcochos se enfríen completamente.
■ Para hacer el relleno, mezclar todos los ingredientes y extender con una espátula sobre uno de los pasteles, y luego colocar el otro pastel encima. Si te gusta, tamizar el azúcar glas y servir.

Pastel de zanahoria con especias

Pastel de arándanos y albaricoque

Tiempo de preparación: **toda la noche** (v)
Tiempo de cocción: **50 minutos**
Ingredientes: **para 10 personas**

Contiene: **hierro, folatos, betacaroteno, vitaminas C y E, y fitonutrientes**

300 ml de zumo de naranja sin azúcar
zumo de 1 lima
100 g de orejones de albaricoque muy
*   picados*
100 g de arándanos deshidratados
150 g de pasas
300 g de harina con levadura
100 g de mantequilla o margarina
*   (con un 59 por ciento de grasa)*
50 g de azúcar moscovado
1 cucharadita de pimienta de Jamaica

■ Remojar las frutas en zumo de naranja toda la noche.
■ Precalentar el horno a 180 ºC y forrar un molde redondo de 20 cm con papel vegetal.
■ Mezclar la mantequilla y la harina, y luego añadir el azúcar y la pimienta de Jamaica.
■ Agregar los huevos batidos con las frutas empapadas y mezclar muy bien.
■ Ponerlo en el molde y hornear durante 1 hora. Para saber si el pastel está cocido, clavar en el centro de la masa un pincho, este ha de salir limpio.
■ Antes de servir, dejar que se enfríe en el molde.

Pan de tres semillas

Pan de tres semillas

Tiempo de preparación: **15 minutos,** (v)
más el tiempo que tarda en subir
Tiempo de cocción: **25-30 minutos**
Ingredientes: **para 2 panes**

Contiene: **fibra, magnesio, proteína** y **vitaminas B y E**

250 g de harina
250 g de harina integral
½ cucharadita de sal
50 g de semillas de girasol
50 g de semillas de calabaza o de melón
20 g de semillas de amapola
2 cucharadas de aceite de oliva
1 bolsita de levadura seca
500 ml de agua caliente
harina para espolvorear
aceite o mantequilla para engrasar

■ Poner en un recipiente la harina, la sal y las semillas. Verter el aceite y mezclar con una espátula.
■ Añadir la levadura y la mayor parte del agua. Mezclar hasta conseguir una masa suave, no viscosa, y si es necesario, agregar más agua. Espolvorear harina en una encimera y amasar durante 5 minutos.
■ Colocar la masa en un recipiente limpio, cubrir con plástico transparente y dejar en un lugar cálido durante 35-45 minutos, para que aumente el tamaño. Engrasar 2 bandejas de hornear.
■ Amasar de nuevo la masa y partirla por la mitad. Dividir cada parte en tres y enrollar cada pieza en forma de salchicha. Trenzar las tres piezas y colocarlas en una bandeja.
■ Repetir la operación con la masa sobrante. Cubrir las masas con plástico transparente y dejar que aumenten de tamaño otros 35-45 minutos.
■ Precalentar el horno a 220 ºC.
■ Hornear durante 25-30 minutos hasta que las piezas estén ligeramente doradas, y poner en una bandeja de rejilla para que se enfríen.

índice

A

ácido fólico, 14, 41
aderezos para la crema, 61
aguacate, 27
    crepes de, y pimiento rojo, 86
ahumada, kedgeree con caballa, 96
albaricoques
    deshidratados, 28
alcohol, 21, 45
alergias, 31,59
alimentarios, trastornos, 30
alimentos
    antojos, 29
    grupos de, 7-10
    higiene de los, 22-23
    intolerancia a los, 31
    problemas, 29-31
    rechazo a los, 31
    seguridad, 20-23, 37
almidón, alimentos con alto contenido
    en, 8, 26
alubias, ensalada al pesto con
    guisantes y, 110
anacardos, risotto con, y calabacín, 75
anorexia véase Trastorno alimentario
antojos, 29
arándanos
    cookies de avena y, 123
    lomos de cerdo rellenos de,
      y manzanas,102
    pastel de, y albaricoque, 126
ardor de estómago, 51
arroz
    con leche con limón y azafrán, 121
    ensalada de lentejas y, salvaje, 84
    paella, 78
    risotto al astragón con guisantes
      y espárragos, 75
    risotto con anacardos y calabacín,
      75
    risotto con chorizo y setas, 76
    salteado de, con verduras
      chinas, 77
asado
    paté de pimientos rojos, 65
    pizza de pimientos y alcachofa, 68
    crema de remolacha y cebolla
      roja, 61
    verduras, con tofu, 89
atún
    a la lima con corteza de hierbas,
      96
    lasaña de, con hinojo, 73
aumento de peso, 17-19
avena con salsa de frambuesa, caballa
    cubierta de, 96
azafrán, arroz con leche con limón y,
    121
azúcar, 11

B

bacalao con almendras en papillote, 91
batido de frambuesas y yogur, 79
batido de granadas y frambuesas, 82
batido de leche con fresas, 82
batido de melón y fresas, 81
batido de plátano y almendras, 81
berro y papaya, ensalada de, 109
boniato y calabacín al horno, 85
brécol, 27
    coliflor, apio y aliño de limón, 114

gratinado de, puerro e hinojo, 89
    crema de, y menta, 64
Bruselas con panceta, coles de, 114
bulimia véase Trastorno alimentario

C

caballa
    cubierta de avena con salsa de
      frambuesa, 96
    kedgeree con, ahumada, 96
café, 22
cafeína, 23
calabacín
    boniato y, al horno, 85
    verduras cremosas al curry, 90
calabaza
    cestitas de garbanzos y, al estilo
      marroquí, 69
    ensalada de semillas de, y de trigo
      bulgur, 76
    tarta de, y tofu, 89
calcio, 15, 47
    en la dieta vegetariana, 32
cangrejo y eneldo, salsa de, 94
cansancio, 41, 43
cardamomo, peras escalfadas con,
    y salsa de chocolate, 118
carne, 8
carotenos véase vitamina A
cerdo
    brochetas de, con albahaca
      y limón, 102
    lomos de, rellenos de arándanos
      y manzana, 102
    salteado de, y pimientos, 101
cerveza negra, estofado de ternera, 106
cestitas de garbanzos y calabaza al
    estilo marroquí, 69
cherry, pollo con tomates, 100
chocolate
    brownies de, y nueces, 124
    pudín de, y dátiles, 120
chorizo y setas, risotto de, 76
cinc, 16
cítricos, 15
cobre, 16
comer fuera de casa, 36-37
cordero
    asado al estilo libanés, 105
    asado con alubias, 103
    filetes de, con menta y salsa de
      tomate, 104
    tagine de, y albaricoque, 103
    pastel, de patata y manzana, 113
    pastel, de pescado, 92
    salsa de alubias cannellini y lima, 66
    verduras, al curry, 90
cremas
    aderezos, 61
    de brécol y menta, 64
    de espinacas y comino, 62
    de guisantes y menta, 61
    de hinojo y almendra, 63
    de remolacha y cebolla roja asada,
      61
    de setas y nueces, 62
    especiada al estilo marroquí, 62
    tropezones, 63
crepes de aguacate y pimiento rojo, 86
cuscús con piñones y granada, 77

D

desayuno, cereales de 11, 26
diabetes, 31
dientes, 55
dieta vegetariana, 32-33
dormir, estrategias para, 53

E

ejercicio, 30, 39
ensalada
    al pesto con guisantes y alubias,
      110
    aliños para, 112
    de aguacate, pepino y granada, 112
    de berros y papaya, 109
    de col oriental, 110
    de gambas y guisantes con pomelo
      rojo, 91
    de guisantes y aguacate con
      aderezo de albahaca, 108
    de lentejas y arroz salvaje, 84
    de pepino y pimiento amarillo, 94
    de peras y nueces, 109
    de zanahoria y remolacha, 108
    griega, 112
    guisantes y aguacate con aderezo
      de albahaca, 108
    verde tibia, 110
especias
    pavo con, y puré de garbanzos, 100
    crema especiada al estilo marroquí,
      62
    especiado, pastel de zanahoria, 125
espinacas 122
    pechugas de pollo con jamón
      rellenas de, 98
    crema de, y comino, 58
    tarta de, y ricotta, 85

F

fibra, 51
fitoquímicos, 25
frambuesa
    batido de, y yogur, 79
    tarrina de yogur y, con crema
      quemada, 120
fresas
    batido de leche y, 82
    espuma de, y granada, 117
    macedonia de, pera y fruta de la
      pasión, 117
fruta, 8, 11
    brochetas de piña y papaya, 116
    crema de mango y, de la
      pasión, 116
    macedonia, de invierno, 119
    macedonia de fresa, pera y, de la
      pasión, 117
    tarta de, con mascarpone, 122
zumos
    de zanahoria, manzana y
      lima, 81
    energético de mango y
      papaya, 82
    melón y naranja, 81
    pera, manzana y uva, 81
    véase también
      grosella negra, 28
      mangos, 28
      naranjas, 28
      orejones de albaricoque, 28
frutos secos y semillas, 21

G

galletas de piñones y jarabe de frutas,
    123
gambas y guisantes con pomelo rojo,
    ensalada de, 91
glucémico, índice, 10
granada y frambuesas, batido de, 82
grasas, 9
griega, ensalada, 112
grosella negra, 28
guacamole, 66

guindilla, salsa de tomate y, 65
guisantes
    y aguacate con aderezo de
      albahaca, ensalada de, 108
    y espárragos, risotto al estragón
      con, 75
    y menta, crema de, 61

H

hierbas, 91
hierro, 16
    en la dieta vegetariana, 32, 49
    suplemento de, 49
hígado (alimento), 20
higiene, 22-23
hinojo y almendra, crema de, 63
huevos, 21
hummus con tomates secos, 66

I

invierno, macedonia de frutas de, 119

J

jengibre, pizza de pollo y, 68

L

lactancia materna, 58-59
lácteos, productos, 8, 20, 26
    leche, 26
    queso cheddar, 26
    yogur, 25
leche, 26
lentejas y arroz salvaje, ensalada de, 84
libanés, cordero asado al estilo, 105
lima
    helado de, y jengibre, 117
    roulade de, y fruta de la
      pasión, 118
linguine al romero con jamón
    ahumado y aguacate, 74

M

magnesio, 16
mango, 28
    crema de, y fruta de la
      pasión, 117
    espuma de, y lima, 119
    pollo con, y papaya, 99
    refresco energético de, y papaya,
      82
marroquí, cestitas de garbanzos
    y calabaza al estilo, 69
masas
    cestitas de garbazos y calabaza
      al estilo marroquí, 69
    jalousie de pimiento rojo y tomate,
      69
    strudel de sardinas y limón, 70
mellizos, 18
melón
    batido de, y fresas, 81
    zumo de, y naranja, 81
menús
    a partir de las 40 semanas, 58-59
    de 0 a 8 semanas, 40-41
    de 9 a 12 semanas, 42-43
    de 13 a 16 semanas, 44-45
    de 17 a 20 semanas, 46-47
    de 21 a 24 semanas, 48-49
    de 25 a 28 semanas, 50-51
    de 29 a 32 semanas, 52-53
    de 33 a 36 semanas, 54-55
    de 37 a 40 semanas, 56-57
mexicano en salsa de chocolate,
    pollo, 97
minerales, 15
    en la dieta vegetariana, 32-33

N
naranjas, 28
náuseas, 43
necesarias, calorías, 19
niacina, 14

O
omega 3, 12
orgánicos alimentos, 24
oriental, ensalada de col, 110

P
paella, 78
pan, 26
panettone y mantequilla, pudín, 121
pasta
    con salsa de tomate y queso
      mascarpone, 73
    lasaña de atún al hinojo, 73
    linguine al romero con jamón
      ahumado y aguacate, 74
    macarrones con salmón y
      espárragos, 71
pastel
    cremoso de patata y manzana,
      113
    de espinacas y ricotta, 91
pasteles, panes y repostería
    brownies de chocolate y nueces,
      124
    cookies de avena y arándanos,
      123
    de arándanos y albaricoque, 126
    de plátano y nuez de Brasil, 124
    de tres semillas, 126
    de zanahoria con especias, 125
    galletas de piñones y frutas, 123
pastichio, 106
patatas, 26
    pastel cremoso de, y manzana,
      113
patés, 20
    de pimientos rojos asados, 65
    de trucha y ricotta, 66
    véase también Alimentos seguros
pavo, 27
    con especias y puré de garbanzos,
      100
    rollitos de, con mermelada de
      albaricoque, 101
pepino, ensalada de, y pimiento
    amarillo, 94
pera
    escalfadas con cardamomo y salsa
      de chocolate, 118
    y nueces, 109
    zumo de, manzana y uva, 81
pescado, 20
    atún a la lima con corteza de
      hierbas, 96
    bacalao con almendras en
      papillote, 91
    brochetas de, con salsa de coco,
      95
    caballa cubierta de avena con
      salsa de frambuesa, 96
    ensalada de gambas y guisantes
      con pomelo rojo, 91
    kedgeree con caballa ahumada, 96
    lasaña de atún al hinojo, 73
    macarrones con salmón
      y espárragos, 71
    paella, 78
    pastel cremoso de, 92
    paté de trucha y ricota, 66
    pizza de salmón y alcaparras con
      nata líquida, 68

salmón con corteza al estragón,
    94
salmón con especias al estilo tai,
    92
sardinas, 27
strudel de sardinas y limón, 70
pintas, alubias, 27
    guiso de, y setas, 87
piña y papaya, brochetas de, 116
piñones y jarabe de frutas, galletas de,
    123
pisto, 114
pizza
    de champiñones, espárragos y
      rúcula, 67
    de pimientos asados y alcachofas,
      68
    de pollo y jengibre, 68
    de salmón y alcaparras con nata
      líquida, 68
plátano
    batido de, y almendra, 81
    pan de, y nuez de Brasil, 124
pollo, 27
    con mango y papaya, 99
    con tomates cherry, 100
    cremoso con espárragos, 97
    fideos de arroz a las cinco
      especias con, y naranja, 74
    guisado con ciruelas y piñones, 99
    mexicano en salsa de chocolate,
      97
    pechugas de, con jamón rellenas
      de espinacas, 98
    pizza de, y jengibre, 68
    salteado con guisantes y cardo,
      98
ponerse en forma, 59
postres
    acompañamientos, 119
    arroz con leche con limón
      y azafrán, 121
    brochetas de piña y papaya, 116
    espuma de mango y lima, 119
    helado de lima y jengibre, 117
    espuma de fresas y granada, 117
    peras escalfadas con cardamomo
      y salsa de chocolate, 118
    pudín de chocolate y dátiles, 120
    pudín de panettone y mantequilla,
      121
    roulade de lima y fruta de la
      pasión, 119
    tarrina de yogur y frambuesa con
      crema quemada, 120
    tarta de frutas con mascarpone,
      122
    véase también Fruta
preeclampsia, 47
prenatal, suplementos, 12
preparados para comer, 21
proteicos, alimentos, 8
    en la dieta vegetariana, 32

Q
queso, 20, 26
    cheddar, 26
    gratinado de brécol, puerro
      e hinojo, 89
    pasta con salsa de tomate
      y, mascarpone, 73
    paté de trucha y ricota, 66
    roulade de, tibio, 87
    setas rellenas de, y nueces, 84
    tarta de espinacas y ricotta, 85
    véase también Productos lácteos
quinoa con hierbas y alubias, 76

R
refresco energético de mango y papaya,
    82
refrigerios
    en el trabajo, 35
    vegetarianos, 33
retinol véase Vitamina A
rojo y tomate, jalousie de pimiento, 69

S
sal, 11
salmón, 27
    con corteza al estragón, 94
    con especias al estilo tai, 92
    macarrones con, y espárragos, 71
    pizza de, y alcaparras con nata
      líquida, 68
salmonela, 20
salsas
    de alubiascannellini y lima, 56
    de cangrejo y eneldo, 94
    de tomate y guindilla, 65
    dulce y picante, 94
salteado
    de arroz con verduras chinas, 77
    de pollo, con guisantes y cardo,
      98
sardinas, 27
    strudel de, y limón, 70
selenio, 16
semillas véase Frutos secos y semillas
setas
    guiso de alubias pintas y, 87
    pizza de champiñones, espárragos
      y rúcula, 67
    rellenas de queso y nueces, 84
    crema de, y nueces, 62
soja, leche de, 26
superalimentos, 25
suplementos, 12

T
ternera
    estofado de, a la cerveza negra,
      106
    goulash de, 105
    pastichio, 106
    rellena de cebolla roja y pasas, 105
tai, salmón especiado al estilo, 92
tibio
    ensalada verde, 110
    roulade de queso, 86
tofu, 27
    tarta de calabaza y, 89
    verduras asadas con, 89
tomates, 26
trabajar durante el embarazo, 34-35
tres semillas, pan de, 126
tropezones, 63
trucha y ricotta, paté de, 66

V
vacaciones, 37
verduras
    boniato y calabacín al horno, 85
    brécol, coliflor, apio y aliño de
      limón, 123
    cestitas de garbanzos y calabaza
      al estilo marroquí, 69
    cocinar, 23
    coles de Bruselas con panceta, 89
    crepes de aguacate y pimiento
      rojo, 86
    gratinado de brécol, puerro e
      hinojo, 89
    guiso de alubias pintas y setas,
      87

pastel cremoso de patata
    y manzana, 113
pastel de espinacas y ricotta, 85
pisto, 114
platos
    preparación, 23
    setas rellenas de queso y nueces,
      84
    tarta de calabaza y tofu, 89
    verduras asadas con tofu, 89
    verduras cremosas al curry, 90
    almacenamiento, 23
    véase también
      aguacates, 27
      brécol, 27
      ensaladas,
      zanahorias, 28
vitaminas, 13
    A, 13
    C, 15
    D, 15
    del grupo B, 14
    E, 15
    K, 15, 56
    pérdida en la preparación, 23
    véase también Suplementos
    en la dieta vegetariana, 32,33

Y
yodo, 16, 45
yogur, 13,26
    bebidas
      batido de plátano y almendra, 81
      batido de melón y fresas, 81
      batido de frambuesa y, 79
    en la dieta vegetariana, 27

Z
zanahoria, 28
    ensalada de, y remolacha, 108
    pastel de, con especias, 136
zumo
    de melón y naranja, 81
    de pera, manzana y uva, 81
    de zanahoria, manzana y lima, 81

agradecimientos

Mi más sincero agradecimiento
a mi familia y a todos los amigos
e invitados, que solícitamente han
probado y han comentado todas
las recetas que aparecen en el libro.

Gracias a Susan Berry, amiga y
excelente cocinera, que me ha
ayudado a preparar, en repetidas
ocasiones, algunas de las recetas;
y al equipo de Carroll y Brown,
por su entusiasmo, su paciencia
y su ayuda.

Estoy en deuda con aquellas personas
del mundo de la nutrición que han
sido fuente de inspiración y con
aquellas que me han asesorado,
particularmente con Fiona Ford.

También quiero dar las gracias a mi
madre, Marie Smith, por enseñarme
a cocinar y por apoyarme ante mi
interés por los alimentos y por la
nutrición.

A mi marido, Andrew, un extraordinario
degustador y un apoyo incondicional,
todo mi agradecimiento y mi amor.
Y a mis hijos, ¡esperad a que escriba
el libro de recetas para niños!

índice